ESTRATÉGIAS DE SUSTENTABILIDADE NA AMAZÔNIA

Aspectos Científicos, Sociais e Legais
Contexto Global - Visão Comparativa

Dados Internacionais de Catalogação na Publicação (CIP)
(Câmara Brasileira do Livro, SP, Brasil)

Araújo, Gisele Ferreira de
   Estratégias de Sustentabilidade na Amazônia : aspectos científicos, sociais e legais : contexto global : visão comparativa / Gisele Ferreira de Araújo ; [versão para o português da autora] – 1. ed. – São Paulo : Editora Letras Jurídicas, 2008.

ISBN 978-85-89917-38-4
Edição bilíngue : português/inglês.
Bibliografia.

1. Desenvolvimento sustentável – Amazônia 2. Direito ambiental 3. Homem – Influência na natureza – Amazônia 4. Impacto ambiental – Amazônia 5. Meio ambiente 6. Política ambiental – Amazônia 7. Protocolo de Quioto 8. Recursos naturais – Leis e legislação I. Título.

08-05883   CDU-34:507.2

Índices para catálogo sistemático: 1. Amazônia : Desenvolvimento sustentável : Direito ambiental 34:507.2 **2.** Amazônia : Sustentabilidade : Direito ambiental 34:507.2

Gisele Ferreira de Araújo

ESTRATÉGIAS DE SUSTENTABILIDADE NA AMAZÔNIA

Aspectos Científicos, Sociais e Legais
Contexto Global - Visão Comparativa

1ª Edição – 2008 – São Paulo – SP

Junho 2008

© Gisele Ferreira de Araújo
© Letras Jurídicas Distribuidora, Editora,
Livraria e Representações Ltda. EPP.

Capa
Gisele Ferreira de Araújo
Cláudio P. Freire

Diagramação
Marcelo Oliveira

Revisão
Gisele Ferreira de Araújo

Montagem da Capa
Cláudio P. Freire
Dálet – Diagramação Ltda. ME.

Preparação
Claudio P. Freire

Coordenação Editorial
Vanessa Faullame de Andrade

Editor Responsável
Cláudio P. Freire

LETRAS JURÍDICAS
Distribuidora, Editora, Livraria e Representações Ltda.
Rua Senador Feijó, 72 – 3º andar – Sala 32 – Centro
CEP 01006-000 – São Paulo – SP
Telefone/Fax (11) 3115-3569 – 3107-6501 – Celular (11) 9352-5354
Site: www.letrasjuridicas.com.br
E-mail: vendas@letrasjuridicas.com.br

Impresso no Brasil

Dedicatória

Dedico este estudo aos cientistas e estudiosos do Meio Ambiente que se empenham para um planeta mais consciente.

Conselho Editorial – Letras Jurídicas

Membros Efetivos

Agostinho dos Santos Giraldes
Carlos Fernando Mathias de Souza
Cintia de Faria Pimentel Marques
Diogo Telles Akashi
Eduardo Henrique de Oliveira Yoshikawa
Eduardo Salles Pimenta
Elizabeth Goraieb
Flávio Tartucce
Guilherme Eduardo Novaretti
Ildeu de Souza Campos
Jose Carlos Magdalena
Julyver Modesto de Araujo
Luiz Fernando Gama Pellegrini
Maria Clara Osuna Diaz Falavigna
Maria Helena Marques Braceiro Daneluzzi
Maristela Basso
Mirian Gonçalves Dilguerian
Nelton Aguinaldo Moraes dos Santos
Norberto Oya
Paulo Rubens Atalla

Agradecimentos

Eu agradeço, pela paixão, inspiração e dedicação, aos professores David N. Oswald, Mario Bunge, Mark B. Bush, Paulo de Oliveira, Martín Von Hildebrand, Andrew Mitchel, Melissa Guimarães Castello e Celso Antonio Pacheco Fiorillo.

Agradecimentos especiais à editora Letras Jurídicas.

Apresentação

Cessar as emissões das florestas tropicais e mensurar as suas reservas de carbono proporciona oportunidade não somente para mitigar a mudança climática. Menos óbvio, mas provavelmente mais importante, a longo prazo, é o mercado emergente para as trocas dos serviços dos ecossistemas que poderiam contribuir para manter esses importantes serviços que as florestas proporcionam para a humanidade e também ajudar a aliviar a pobreza de 1.4 bilhões de pobres do mundo que dependem dessas florestas para sua sobrevivência.

A efetiva exclusão das florestas tropicais dos mercados de carbono globais as deixou vulneráveis ao baixo valor das terras nas quais se cultivam produtos agrícolas e se extrai madeira segundo a demanda internacional.

Anteriores políticas e barreiras técnicas para a inclusão de florestas nos mercados de carbono estão sendo superadas e o ânimo dos investidores aumenta rapidamente, apesar de a falta de consciência e urgência entre os líderes políticos e de negócios estar retardando ações sobre algo que é a segunda maior causa de emissões de carbono no mundo.

Três principais relatórios mundiais destacaram que o setor florestal oferece uma das mais efetivas e rápidas oportunidades para ação imediata sobre a mudança climática com significativos benefícios comuns.

A escala de fundos exigida significará que novos mecanismos de mercado serão necessários, incluindo-se o comércio de serviços ecossistêmicos como reservas de água, geração de chuvas, estabilização do clima, que representam uma das funções das diferentes florestas tropicais. Os governos podem desempenhar um papel ao minimizar alguns dos riscos da entrada nesses mercados.

A estabilização do clima não pode ser alcançada a menos que as emissões das florestas sejam gerenciadas com a mesma prioridade que outras medidas como as do setor energético. Do mesmo modo, o agronegócio, a força hidrelétrica e os biocombustíveis têm interesse em manter as chuvas que a Amazônia proporciona.

A Amazônia oferece um valioso estudo de caso para o caminho a nossa frente.

ANDREW MITCHEL
Research Associate at Oxford University

Foreword

Halting emissions from tropical forests and valuing their carbon stocks offers a major opportunity to not only to mitigate climate change.

Less obvious but possibly more important in the long term is an emerging market for ecosystem service trading that could help maintain the very significant ecosystem services forests provide to humanity and also help alleviate poverty among 1.4 billion of the world's poor who depend upon these forests for their livelihoods.

The effective exclusion of tropical forests from global carbon markets has left them vulnerable to the need for cheap land on which to grow agricultural products and source timber driven by international demand. Former political and technical barriers to engaging forests in carbon markets are being overcome and investor appetite is growing rapidly, yet lack of awareness and urgency among political and business leaders is delaying action on what is the second largest contributor to global carbon emissions. Three major reports have highlighted that the forestry sector offers one of the most cost effective and rapid opportunities for immediate action on climate change with significant co-benefits. The scale of funding required will mean that new market mechanisms will be needed including trading in ecosystem services such as water storage, rainfall generation, weather stabilisation that are a function of diverse tropical forests.

Governments can play a role by alleviating some of the risks of early entry into these markets. Climate stabilisation cannot be reached unless emissions from forests are tackled with equal priority to other measures such as in the energy sector. Equally, agribusiness, hydropower and biofuels have a stake in maintaining rainfall the Amazon provides. Amazon forest in Brazil offers a valuable case study for the way ahead.

ANDREW MITCHELL
Research Associate at Oxford University

Sumário

Apresentação 9

Foreword 11

Capítulo 1
Deforestation in the Amazon

1. Scientific Aspects... 17
   1.1 Introduction.. 17
   1.2 Resilience and Amazonian Ecosystems................... 18
   1.3 Feedbacks Processes 23
   1.4 Disturbance Regimes 28
   1.5 Deforestation and Fire... 29
   1.6 Climate Impacts... 31
   1.7 Translating the Ecological to the Sociotechnological.............. 33
   1.8 Future Development 36
   1.9 Conclusion 37
   1.10 References... 38

Capítulo 2
Amazonian conservation: A long-term cultural and climate change perspective

1. Histories of human influence 46
2. Fire in prehistory 47
3. Past and future climate change..................................... 49
4. Past and future rates of change 52
5. The constancy of niche not community 53
6. The qualified power of succession 54

7. The path to sustainability 57
8. Conclusions 59
9. References 60

Capítulo 3
INDIGENOUS PEOPLE AND CONSERVATION IN THE NORTH WEST AMAZON

References 78

Capítulo 4
NOVOS MARCOS REGULATÓRIOS DA MUDANÇA CLIMÁTICA: UMA ESTRATÉGIA DE SUSTENTABILIDADE PARA O CONTEXTO AMAZÔNICO?

1. Introdução 81
2. A Mudança Climática na Amazônia 82
3. O fator humano como agente indutor de mudança climática no contexto amazônico 83
4. Ações de adaptação à mudança climática na Amazônia 84
5. Os serviços ambientais e a agricultura 87
6. Novos marcos regulatórios e o contexto da Amazônia a serviço da mitigação da mudança climática 92
7. Referências 98

Capítulo 5
PROTOCOLO DE QUIOTO: PRECISAMOS DE REGULAMENTAÇÃO NACIONAL?

1. Introdução 101
2. O Protocolo de Quioto enquanto Tratado Internacional 103
3. As Principais Regras de Quioto 106
   3.1 A Regra de Comando-e-Controle do Protocolo de Quioto 107
   3.2 Os Mecanismos de Mercado do Protocolo 110
      3.2.1 Mecanismo de Implementação Conjunta 113
      3.2.2 Comércio de emissões 113
      3.2.3 Mecanismo de Desenvolvimento Limpo 114

4. A Regulação Nacional	115	
4.1 O caso brasileiro	116	
4.1.1 A natureza jurídica das reduções certificadas de emissões	118	
4.1.2 A autoridade brasileira designada para verificar os projetos de MDL	119	
4.1.3 Quando não se deve legislar	120	
4.2 A experiência inglesa	122	
4.2.1 O uso do comando-e-controle	124	
4.2.2 Os mecanismos de mercado	125	
4.2.3 A utilização de políticas múltiplas	126	
5. Conclusões	127	
6. Referências	128	

Capítulo 6
BENS AMBIENTAIS E SEGURANÇA NACIONAL

1. A Política Nacional do Meio Ambiente sob a égide da ditadura militar e conceito de segurança nacional. 131
2. Bens ambientais no Estado democrático de direito e segurança nacional 136
3. Agressão estrangeira aos bens ambientais e o sistema nacional de mobilização(Lei 11631/2007) 138
4. Referências 139

Capítulo 1
DEFORESTATION IN THE AMAZON

DAVID NICHOLAS OSWALD[1]
MARIO BUNGE[2]

1. Scientific Aspects

1.1 Introduction

Deforestation and land cover change in the Amazon are key issues in Brazilian environmental policy and are often presented in vivid detail in the media. The scientific aspects of Amazonian deforestation have been explored from many perspectives and disciplinary approaches. In this chapter I will discuss a systems perspective on the ecological resilience of Amazonian rainforests and the implications of deforestation.

Ecological resilience is the persistence of relations in a system and a measure of the ability of these systems to absorb changes of state variables, driving variables, and parameters and still persist (Holling, 1973). Amazonian ecosystems are unique to other systems due to strong atmosphere-biosphere coupling and also due to intense disturbance factors such as deforestation, agriculture, and climate forcing. A custom model for resilience is explained in this chapter with reference to applying geospatial analysis to estimate resilience. The long-term sustainability of the Amazon relies on scientific understanding of how

---

1. Designer and Environmental Scientist. M. Sc. in Physical Geography from Mc Gill University. His work in the Brazilian Amazon has focused on estimating resilience of ecosystems using retome sensing.
2. PhD in physico-mathematical sciences, Universidad Nacional de La Plata (1952). His work has focused on philosophy of the social sciences, philosophy of mind, and social mechanisms.

these systems work and effects of disturbances. Equally important are policies, regulations, and development trajectories that enhance sustainability.Translating scientific understanding into other domains of knowledge is critical.

Environmental policies, regulations, educational programs, and communication are manifestations of social technologies. Social technology is the design of policies and plans for the repair or construction of social systems, public or private, on the basis of social science (Bunge, 1998). Systems for educating the public about Amazonian ecosystem integrity and also laws and regulations for conservation and resource management are examples of social technologies. I propose that scientific understanding of Amazonian ecosystems must be linked with social technologies in Brazil and internationally so as to link the "eco" with the "social". Explanations will follow in this chapter.

1.2 Resilience and Amazonian Ecosystems

C.S. Holling initially proposed the classic definition of ecological resilience in 1973; however, there are alternative definitions that account for different research approaches and ecological domains, particularly pertaining to Amazonian ecosystems. Ecological resilience can be viewed in a landscape context by determining what processes are important to the function of an ecosystem and how these processes relate to landscape patterns and vice versa. Selection of parameters by which one can observe landscape patterns must take into consideration the fact that there may be ecological processes that vary over different spatial and temporal scales. Cross-scale edge is an example of a way of identifying a division between ecotones in a landscape that separates two different ecological states with the separation possibly occurring at various spatial scales (Peterson, 2003). The factors influencing the resilience of different states across a landscape may be driven by the biodiversity and dynamics of populations in the landscape or also by factors such as climate (Peterson, 1998). Scheffer and Carpenter identify how alternative stable states, or dynamic regimes, can be identified with field observations, but ideally should be analytically framed with experimentation and modeling, both of which relate to the importance of analysis and learning in order to manage ecosystems for resilience (2003).

Managing for ecological resilience, rather than resource optimization, involves understanding uncertainty and recognizing that surprises may occur and that through informed policy development, continuous observation, and learning, more robust management decisions can be made (Peterson, 2003). The goal should be managing for, or building of, resilience and adaptive capacity in ecosystems (Folke *et al*, 2002). Building resilience in ecosystems through adaptive management and policy implies that thresholds for ecosystem function exist and can be estimated (Groffman *et al*, 2006). In order to estimate transitions of states between positive or negative regimes, the scale and nature of processes need to be understood for ecosystems.

One clear stipulation that must be made initially in framing ecological resilience analysis in the Amazon is the answer to the question, "resilience of what, to what" (Carpenter *et al*, 2001). Amazonian ecosystems have unique characteristics and forces acting upon them that require specification. The focus of this chapter is to provide a framework for estimating the capacity of tropical rainforests in the Brazilian Amazon to withstand disturbances such as deforestation, fire, and climate change, at large spatial scales.

Amazonian ecosystems have been subjected to several disturbance factors operating at different temporal and spatial scales and also with different effects. The first step in linking ecological resilience concepts with Amazonian ecosystems is to define the system and parameters and then to identify the spatial and temporal scales at which key processes and parameters operate. Atmosphere-down, ecosystem-up, small-scale and large-scale perspectives of resilience can be viewed in an integrated manner. Atmosphere-down means processes that work from the direction of the atmosphere to the ecosystems in Amazonia. Ecosystem-up indicates processes that work from the ecosystems, or earth surface, upward towards the atmosphere and upper levels of Amazonian rainforests. Scale differences refer to processes that operate over small spatial areas such as agricultural plots to large spatial areas such as across entire states. Scale differences also apply to processes that operate at high temporal frequency (daily) or low frequency (decadal). A synthetic approach or framework that connects processes and crosses scales can provide insight as to key factors in climate-ecosystem interactions and their effects on the resilience of Amazonian forest ecosystems as well as the effects of natural and human induced disturbances such as fire and deforestation.

Two resilience views for Amazonian ecosystems and some of their features are summarized in Table 1.

	Resilience View	
	Large-scale, atmosphere-down	Small-scale, ecosystem-up
Feedback Processes	Precipitation and Atmosphere-biosphere coupling (Salati and Vose, 1984; Oyama and Nobre, 2003)	Population / Community integrity (Beisner et al, 2003)
Disturbances	Climate change (Aragao et al, 2007; Cox et al, 2004) Large scale development planning (Fearnside, 2002)	Deforestation (Nobre et al, 1991) Fire (Nepstad et al, 1999; Cochrane, 2003)
Spatial Extent	30 – 3,000 km (Aragao et al, 2007)	1 – 3 km (Peterson et al, 1998)
Timeframe	Decades (Cox et al, 2004; Cox et al, 2000)	Months to multiple years (Peterson et al, 1998)

Table 1: Comparison of Resilience Views

The characteristics in Table 1 are related more to Amazonian ecosystems because parameters such as atmosphere-biosphere coupling may be more important to ecological resilience in the Amazon than in other ecosystems. The feedback processes in both the ecosystem-up and atmosphere-down model are interconnected. Evapotranspiration, for example, is an integral part of atmosphere-biosphere coupling, but is also dependent on the summation of small-scale processes of soil to plant to atmosphere transfer of water for each tree within the system of analysis. The potential disturbance factors are clearly separated in scale since deforestation and fires are initiated at the plot level and changes in climate will affect ecosystems over 1000's of square kilometers. The smaller scale upward disturbance parameters happen over short time intervals – weeks to months, since in many cases they are dependent on changes in human activity. Large-scale, top-down processes operate over longer temporal timeframes that can be captured by looking at decadal changes with pulses such as the drought of 2005 as instances of longer-term trends.

Knowledge from the fields of ecology and atmospheric science are essential when estimating the resilience of Amazonian ecosystems. One of the dominant parameters is water availability for ecosystems and this is governed by incoming precipitation and evapotranspiration from the rainforest. Figure 1 shows the systematic feedback between vegetation and precipitation.

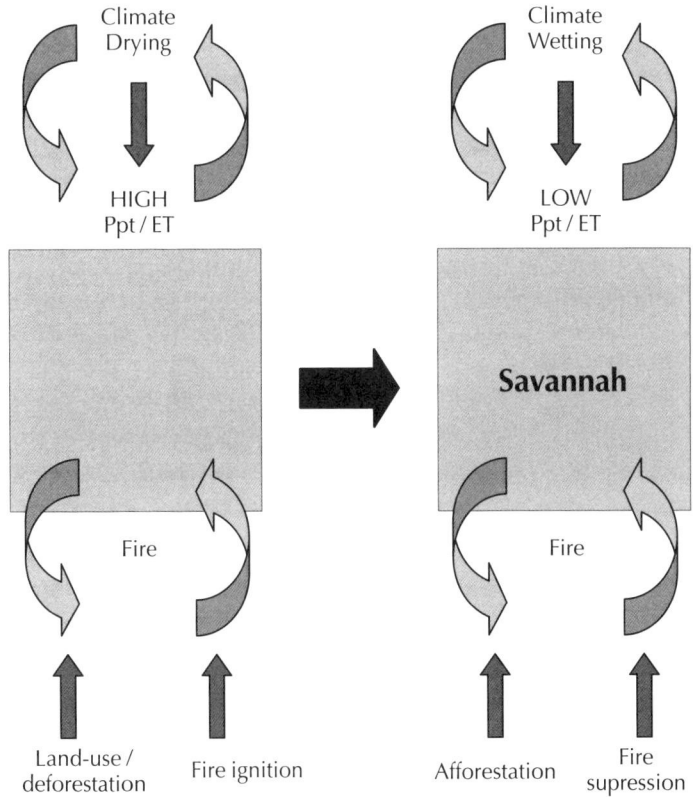

Figure 1: Systems diagram of atmosphere – vegetation coupling and ecological states

The processes that may cause state transitions in ecosystems operate at different scales in both time and space. There is also a bidirectional process between the spatial patterns that can be observed in these ecosystems and the processes that cause them. Relationships between patterns, processes, and the forces that influence them are shown schematically in Figure 2.

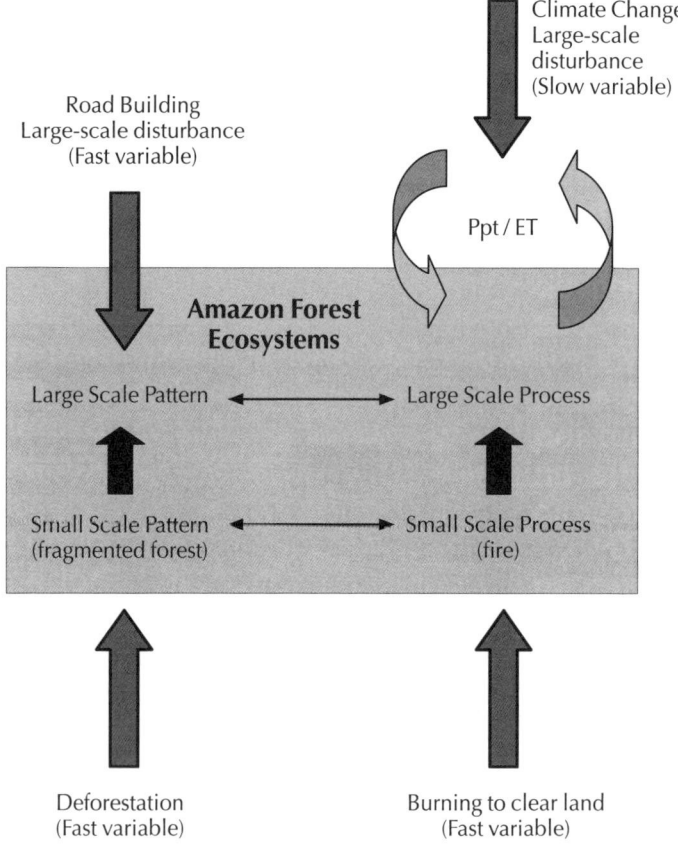

Figure 2: Systems diagram showing forces affecting resilience of Amazonian ecosystems, feedback mechanisms, and the cross-scale connections

The model in Figure 2 heuristically represents the upward and downward processes and shows how disturbance factors such as fires and deforestation, which individually affect a small portion of these systems, accumulate to form large-scale patterns or processes. The atmosphere-down forces are directionally similar but functionally quite different. Development policy results in large-scale infrastructure projects such as major highways that cause immediate impacts to ecosystems over large spatial scales – 1000's of kilometers. Climate change, the other large-scale factor, acts on decadal rather than yearly time scales and has impacts at a similar spatial scale as development policy. Climate forcing seems to enhance precipitation reduction in the Amazon and the occurrence of longer and more severe dry seasons (Marengo, 2007). Peaks of forest fires in extreme dry seasons are a result of droughts (Aragão et al, 2007). The heuristic model in Figure 2 captures the essence of what the biophysical processes at work are and how they interrelate; however, validation of this model requires using a Geographic Information System (GIS) to analyze spatially explicit data and possibly the application of process models to capture the effect of feedback processes.

1.3 Feedbacks Processes

There are two main feedback processes in Amazonian ecosystems: (1) evapotranspiration from the rainforest and precipitation into the rainforest, and (2) fire ignition, propagation, and fueling. Both will be described with respect to their role in the resilience of Amazonian ecosystems.

The Amazon region is dependent upon high precipitation levels that are created as a result of the coupling of the atmosphere with the biosphere through evapotranspiration and precipitation recycling. The blue circular arrows shown in Figure 2 represent atmosphere-biosphere feedback. Roughly 50% of the precipitation in the Amazon comes from the rainforest (Salati, 1985). The systemic relationship between Amazonian rainforests and their climatic regime imply that alteration to the rainforests through deforestation or other forms of disturbance may induce changes to regional or even global hydrology (Lean and Rowntree, 1993; Nobre *et al*, 1991; Cox *et al*, 2004; Costa and Foley, 2000). Early studies in Amazonian atmosphere-biosphere interactions focused on land-use change effects on regional climate (Nobre *et al*, 1991); however, the current focus of this research is on the coupled effects of vegetation-climate interactions (Cox *et al,* 2004; Lee *et al,* 2005; Myneni *et al,* 2007). The daily process of evapotranspiration is shown in the time series of photos taken from the Rio Madeiras in Figure 3.

Rio Madeiras – 7:10 AM July 8, 2006

Rio Madeiras – 1:00 PM July 8, 2007

Rio Madeiras – 6:00 PM July 8, 2006

Figure 3: Time series of rain forest evapotranspiration in Amazonia

Evapotranspiration is a large-scale process from ecosystems up to the atmosphere that is systematically linked with atmosphere-down processes of water exchange through atmosphere-biosphere coupling. The resilience of these ecosystems, which is influenced by their demand for water, is affected by the function of atmosphere-biosphere processes (Salati and Vose, 1984; Nobre *et al*, 1991; Cox *et al*, 2004). Hutyra *et al* developed a linear model of forest evapotranspiration, based on physical measurements of evapotranspiration and temperature to analyze basin wide atmosphere-biosphere exchange processes (2005). Water and temperature data from January 2002 to November 2004 from a flux tower in the Tapajós National Forest located near km 67 of the Santarém-Cuiaba highway (BR-163) was collected to establish the following equation:

[1] $FET(mm/day) = -6.7084 + 0.3764 * T$

In equation [1] FET is forest evapotranspiration and T is monthly mean temperature in degrees Celsius. Equation [1] was fit to 38 months of environmental measurements and it explained 68% of the total variance (Hutyra *et al*, 2005). To examine long-term trends and spatial variance of FET Hutyra *et al* used the Climate Research Unit's (CRU) 100-year gridded ($0.5° \times 0.5°$) time series for temperature and precipitation. Drought assessment over this time period was calculated using equation [2]:

[2] $PAW_i = PAW_{i-1} + P_i - FET_i$

In equation [2] PAW_i is plant available water for month *i* in the 100 year time series; PAW_{i-1} is plant available water for the previous month in the time series; P_i is the precipitation for month *i*; and FET_i is the forest evapotranspiration for month *i* calculated from equation [1]. The drought stress for vegetated areas was calculated for each grid cell in the CRU data set for Amazonia. Transitions between tropical forest and savanna are influenced by climate, fire, edaphic, and anthropogenic influences (Da Silva Silviera Lobo Sternberg, 2001). Climate is the most significant of the above factors and Nix conducted a study using data from over 4000 weather stations to summarize the climatic characteristics of tropical savanna ecosystems (1983). The Nix criteria are (Da Silva Silveira Lobo Sternberg, 2001):

- solar radiation of 6-8 $GJm^{-2}years^{-1}$
- annual precipitation between 1000 and 1500 mm
- high rainfall seasonality
- rainfall during the wettest 6 months greater than 600 mm
- rainfall during the driest 3 months less than 50 mm
- annual mean air temperature above 24°C
- mean minimum temperature of the coldest month between 13 and 18°C

In areas where there was a tropical savanna with less than 50mm of rain during a 3-month dry season it could be possible that additional trees could augment the dry-season rainfall patterns to induce a shift from savanna to rainforest. Alternatively, in a climatic transition area where there are tropical forested ecosystems, deforestation could alter the precipitation regime such that there is a shift to tropical savanna (Da Silva Silveira Lobo Sternberg, 2001). Hutyra *et al*'s analysis of the CRU 100 year climate record with their FET model and PAW drought criteria was strongly spatially correlated with the spatial areas in the Amazon where the Nix criteria were met ($r=0.69$, $p\approx0$). Comparison between individual Nix criteria and vegetation type, derived from classified Landsat imagery from the Tropical Rainforest Information Center of Michigan State University, implied that mean rainfall was the most critical criteria — dry season precipitation having the closest relationship with a correlation coefficient of 0.75. These results implicitly support the hypothesis that reduction of water availability could induce a state transition from forest to savannah (Hutyra *et al*, 2005; Nix, 1983). These findings are also supported by the work of Oyama and Nobre who used a global climate model coupled with a vegetation module to show two different outcomes for equilibrium between vegetation and climate – one with a similar biome configuration to the present Amazon region and one with savanna in the eastern Amazon and a semi-desert in the driest portion of Northeast Brazil (2003). These model and measurement-based studies outline the importance of large-scale ecosystem and atmosphere feedback processes to the resilience of Amazonian rain forests.

Fires in the Amazon have positive feedback effects because as they increase in frequency the conditions for further fire activity are fostered. The feedback effect of fire affects the resilience of Amazonian ecosystems as shown in Figure 2 with the red arrows indicating the action and iteration of fire activity. Fire activity, drought, and land-use are linked. Fire is a common tool used to clear deforested land in the Amazon and droughts have been shown to result in increased fire activity (Nepstad *et al*, 1999). There is a positive feedback system resulting from deforestation and fire leading to more fragmented forests, which leads to greater fire vulnerability, from which more smoke from fire is created, which then reduces the amount of rain and increases surface temperature leading to more fire. Increased fire activity also reduces evapotranspiration which then reduces rainfall and increases forest drying (Laurance and Williamson, 2001). The positive feedback process associated with fire has cumulative effects over larger scales and may result in the reduction of resilience of Amazonian ecosystems.

1.4 Disturbance Regimes

Amazonian ecosystems are being degraded by factors at different rates and spatial scales. Table 1 outlined the scales of the different factors acting on the Amazonian ecosystems and Figure 2 shows the direction of influence of the disturbances factors, all of which will be now explained. One way to assess these factors in a systems framework is to examine whether the disturbance factors are fast or slow variables, considering the impact they have on ecosystems. Deforestation and land clearing for cattle cultivation and agriculture are fast variables because the have immediate effects on the functioning of ecosystems such as nutrient cycling and evapotranspiration (Asner *et al*, 2004; Fearnside and Barbosa, 1998; Houghton *et al*, 2000; Reiners *et al*, 1994). Fires, whether they are anthropogenic or natural, also have immediate impacts on ecosystem function and biogeochemistry and can also be considered fast variables (Cochrane and Laurance, 2002; Cochrane, 2003; Nepstad *et al*, 1999). Climatic and local weather pattern changes induced from global processes affect Amazonian ecosystems by reducing precipitation and in some cases causing severe droughts and increases in forest fires (Aragão *et al*, 2007). Cox *et al*'s model projections of future climate change and the effect on the Amazon show a gradual drying of the Amazon over the next 100 years, demonstrating the possibility of a slow variable acting on these ecosystems (2004). The combined effects of fast and slow disturbances needs to be examined in order to understand the ways Amazonian ecosystems may respond to disturbances such as climate change, fire, and deforestation, and the concept of ecological resilience provides an opportunity to integrate these parameters.

1.5 Deforestation and Fire

Deforestation and land clearing for agriculture and cattle cultivation reduce the resilience of Amazonian ecosystems. These disturbances occur in small areas spread over large expanses and their aggregated effect is a reduction of large-scale evapotranspiration (Nobre et al, 1991; Oyama and Nobre, 2004). Forest fragmentation is defined as forest less than 100 square kilometers surrounded by deforestation (Asner et al, 2005). Recent studies using satellite remote sensing of selective logging have shown that previous estimates of

Amazonian forest degradation may have underestimated by 60% to 123 % the total amount of deforestation (Skole and Tucker, 1993; Asner et al 2005). Asner et al found that between the years 1999 and 2004 at least 76% of all harvesting practices caused sufficient enough canopy damage to make rainforests susceptible to drought and fire (2006). Selective logging is now understood to roughly double the human footprint on the Amazon that was previously thought of and this heavy toll on Amazonian ecosystems reduces their resilience and capability to provide ecosystem services (Asner et al, 2006; Foley et al, 2006).

Amazonian forests coered roughly 5.4 million km^2 in 2001, which equated to about 87% of their original cover area (Soares-Filho et al, 2006). Brazil held 62% of the original amount of Amazonian rainforests (Dirzo et al, 2003). In the 1990s the gross rates of deforestation were about 25,000 km^2 per year (Achard et al, 2003). The majority of deforestation has been driven by the creation of pastures for cattle and by expansion of the agriculture industry such as soy (Malhi et al, 2007). Between 1988 and 2006 the deforestation rates averaged 18,100 km^2/year with 2004 having a high of 27,400 km^2/year (Nepstad et al, 2006). In 2006 the deforestation rate dropped to 14,000 km^2/year because of reduced agricultural commodity prices and Brazilian government intervention (Nepstad et al, 2006). The ecological resilience perspective shown in Figure 2 is effective in bridging the scales of disturbances and their relative contribution as their magnitudes change through time.

The small-scale, or ecosystem up, view of resilience focuses on stability as determined in population ecology, with species composition and community structure as the main focus of attention (Sutherland, 1974). The community or population view treats environmental factors as fixed and places more attention on state transitions and number of configurations of a community (Beisner et al, 2003). The ecosystem-up view of ecological resilience identifies disturbances to the balance of species composition caused by forces such as species invasion, land-cover change, or forest fire as influential in system stability (Beisner et al, 2003; Peterson, 2002). Deforestation affects the resilience of these ecosystems from an ecosystem-up perspective and it also has cumulative effects on the precipitation-evapotranspiration feedback process and thus deforestation is included in Figure 2 as a disturbance factor that is influential in the resilience of Amazonian ecosystems.

Fire is a dynamic process that affects the resilience of Amazonian ecosystems at small scales but also aggregates to impact larger scale processes such as atmosphere biosphere exchange of moisture. It is shown in Figure 2 as an ecosystem-up disturbance force. Fires alter the structure and composition of forests and inhibit processes of regeneration such as seed availability to the extent that, after 15 years, lost species generally show no sign of return (Cochrane, 2003). The rain of fuel that falls from standing dead trees after a fire creates a high probability of fire re-occurrence. The additional fuel, the reduced water retention capability of ecosystems, and the particulate matter from the fire that inhibits more rainfall, form a positive feedback system that propagates more fire and drying (Cochrane *et al*, 1999). Additionally, the edge effects caused by fires and land-clearing make ecosystems more dry, vulnerable and more exposed to ignition sources (Laurance and Williamson, 2001; Cochrane and Laurance, 2002). The 2005 drought in Amazonia demonstrated the vulnerability of ecosystems to fire with an increase of 33% in hot pixels across Amazonia in relation to the 1999-2005 mean (Aragão *et al*, 2007). With the possibility of a future drier climate in parts of Amazonia, the chance of higher fire frequency and positive feedback processes causing further drying must be considered in an integrated framework for ecological resilience (Nepstad *et al*, 2004; Aragão *et al*, 2007).

1.6 Climate Impacts

Forcing factors that affect the function of ecosystems often occur in an atmosphere-down manner at large scales, and one such example is the effect that climate forcing has on ecosystems. Figures 1 and 2 show the direction of climate impacts on Amazonian ecosystems with arrows. Incoming precipitation and solar radiation are two critical factors that influence vegetation. Precipitation is comprised of surface moisture flux, coming via evapotranspiration from the surface of the Earth, and moisture flux convergence, coming from moisture drawn in from surrounding parts of the atmosphere (Moorcroft, 2003). Biogeography has traditionally viewed climate, in conjunction with other factors such as parent material, as a unidirectional force that dictates the presence of vegetation; however, the recent focus of vegetation and climate relationships has focused on the dynamics of atmosphere-biosphere coupling (Polunin, 1960; Foley et al, 2003). Slow declines in ecological resilience can result in catastrophic shifts at certain points. Water availability is a key parameter that, if reduced to a critical threshold, can cause change in ecosystem state (Scheffer et al, 2001). The atmosphere-down view of ecological resilience is challenged by the evidence that vegetation has a significant impact on climate as has been shown in recent modeling experiments at the regional and global scale (Foley et al, 2003; Foley et al, 2000; Moorcroft et al, 2003; Brovkin et al, 2006). The need for understanding the ecosystem-up view and the coupling of these processes is reinforced by the inherent complexity of atmosphere biosphere interaction and its impact on the resilience of these ecosystems.

Amazonian ecosystems are important as not only a stronghold of biodiversity and a source of natural resources for inhabitants in this region, but these ecosystems are also intrinsically related to atmospheric processes at the regional and global scale and hence the disturbance from changing climate may have reciprocal effects on the atmosphere (Dirzo and Raven, 2003; Eltahir, 1996; Eltahir and Bras, 1994). Studies in deforestation and atmospheric dynamics have found that large-scale conversion of Amazonian forests to pasture could lead to significant reductions in evapotranspiration

(30% reduction), precipitation (25% reduction), and runoff (20% reduction) (Nobre *et al*, 1991). More recently, a variety of studies have focused on climate variability and human induced climate change and the possible effects on Amazonian ecosystems at the basin scale. Cox *et al*'s work with the Hadley Centre climate-carbon cycle global climate model (HadCM3LC) showed a drying of the Amazon or an "Amazon dieback" through to the year 2100 (2000, 2004). Experimental runs with the HadCM3LC model showed a connection between sea surface temperature (SST) change in the Tropical Pacific and the Tropical Atlantic Ocean and the resulting precipitation levels in the Amazon. The east to west SST gradient in the Pacific – the El Niño/La Niña, and the north to south SST gradient in the Atlantic appear to be related to model output and observed values of precipitation changes in the Amazon (Cox *et al*, 2004; Marengo, 2007). Rainfall in the Amazon is subjected to seasonal, interannual, and decadal variations in tropical SST's in the Pacific and Atlantic but the 2005 Amazonian drought did not occur during an El Niño event, the anomaly that drove the change was a gradient formed between a cold southern and warm northern tropical Atlantic SST (Cox *et al,* 2004; Marengo, 2007). The results of observed and modeled ecological impacts of SST variation and mean temperature increase from increased greenhouse gases suggest that climate forcing may have a significant large-scale influence on the resilience of Amazonian ecosystems and this is reflected in the model shown in Figure 2 by including climate forcing as a significant atmosphere-down disturbance. The atmosphere-down nature of climate forcing on Amazonian ecosystems has systemic effects that work in conjunction with other disturbances such as development policy.

1.7 Translating the Ecological to the Sociotechnological

Applying ecological principles to sociotechnologies requires social and ecological systems to be first modeled from a process standpoint before any type of comparisons can be made between the two. The heuristic for Amazonian ecological resilience as explained must be "blended" with desired social technologies. Sociotechnology can be broadly broken into domains of activity: praxiology, law, and management science, each of which has its basis in technology, social analysis, and design. It is important to understand that the fact that these are considered technologies warrants that they are activities that adhere to base characteristics of what technology itself is. Technology is a combination of art and science with the degree of each contingent on the situation and application. Unlike science, repeatable results are not often encountered with sociotechnologies hence there is a need for constant monitoring and adjustment. Basically one has to continuously ask the question: "based on the initial design criteria and current conditions, is this working?" (Agassi, 1985). Another important consideration is that technology, or sociotechnology, is value laden whereas science is intended to be objective. Science deals with epistemic problems whereas technology deals with practical problems. The choice and design approach taken for a given sociotechnological solution is based on previous knowledge, intention, and generally some moral basis for action (Bunge 1998). Design is intentional action whereas spontaneous organization is based on chance; hence sociotechnology, being a product of design, is intentional. A good example of questionable intent on the part of design of a technology and sociotechnology is the amount of energy invested in military technology and operations research associated with war.

 The demand for the design of sociotechnology warrants two general categories: Management Science and Social Engineering. Management Science deals with the design or reorganization of a sub-system of society such as a government administrative unit or a firm. Social Engineering addresses large-scale problems such as poverty, resource scarcity, environmental degradation, and political instability (Bunge, 1985). Both Social Engineering and Management Science are relevant to our discussion about bridging the "Eco" with the "Social" in Amazonia.

Management science utilizes a set of tools and methodological procedures: (a) principles and data drawn from psychology, sociology, and economics, (b) scientific method for testing hypotheses and the technological method for testing things and procedures, (c) scientific or technological procedures such as gathering statistics, sampling, automatic information processing, simulation, and quality control, and (d) models of organizations and processes such as decision trees mathematical models, all of which are necessary for effective scientific management and for the design of high quality management technology (Bunge, 1985). Management technology may be divided into distinct categories that are unto themselves important, but mutually dependent to create a successful operation. The divisions are strategy – policy, tactics – planning, and management. My proposal is that Amazonian ecological resilience can be linked with all three. The strategy of Brazilian firms can link ecological resilience with their vision, their articulation of what the given organization is about, what it hopes to achieve, and generally how it plans to achieve it – under what norms or guidelines. Resilience fits with operational tactics as the means of achieving stated goals within the overall strategy of the operation. Planning is critical in this sense because without plans as an organizational basis stated goals will likely not be achieved unless chance rolls in the right direction. Traditional models here are ISO 14000 and equivalent environmental management systems. Broadening the context of Environmental Management to include aspects of ecological resilience of Amazonian ecosystems could prove beneficial to firms whose core business could be enhanced or deteriorated by damage to these ecosystems.

Conservation and resource management policies and regulations can be considered products of Social Engineering and are clearly important social technologies related to avoiding ecosystem degradation and are also important in communication and education programs. I want to focus on the latter. Individual actions are shaped by the education, values and world-views so in order to promote more sustainable resource management practices in Amazonia, knowledge of ecological resilience must be introduced to people there. The goal of communicating the global and local impacts of land use decisions and climate change on ecosystem integrity can ideally result in changed behaviour. A common ground must be established between human activities and ecosystem integrity in Amazonia. The Cultural Hotspots program established by Brazil's Ministry of Culture is a good example of how social technology and physical technology can be integrated to affect social change. Each "hotspot" is a place where people can use multimedia technology and open source software to produce various creative works expressing their ideas and perspectives. The access to technology and the open forum for expression is a means of allowing individuals to exercise their cultural and creative rights and according to Gilberto Gil, Brazil's Minister of Culture, one of the most tangible effects of this project is the increased level of self-esteem that participants experience (Gil, 2008). This program shows how social technology can be used to achieve distinct outcomes — empowerment, participation, and ideation. By integrating the concept of ecological resilience into the Cultural Hotspots project and bringing "eco" to the "social" individual and collective action in Brazil may be motivated more towards environmentally sustainable economic activities.

1.8 Future Development

The ecological and land use research in Amazonia indicates that there are multiple forces contributing to the degradation of these ecosystems. As has been explained in this chapter, climate change and forest fire frequency are affecting the resilience of Amazonian forest ecosystems. Production of agricultural products for export, such as soy, and for the production of ethanol-based fuel, such as sugar cane are contributing to the degradation of Amazonian forest ecosystems (Fearnside, 2001; Goldenberg, 2006). Recent work by Soares-Filho *et al* focusing on modeling landcover scenarios in the Amazon basin suggests that business-as-usual attitudes could reduce forest cover from 5.3 million km^2 (2003) to 3.2 million km^2 in 2050 (2006). The governance scenario in the Soares-Filho *et al* model showed that improved regulations and greater allocation of protected areas would result in 4.5 million km^2 of rainforest remaining in 2050, a significant improvement over business as usual practices (2006). The challenge that remains for future development in the Amazon region is to increase and maintain resources required for progressive governance programs; however, some disturbance factors such as climate-change-induced drying of Amazonian rainforests can be mitigated only by global action.

1.9 Conclusion

The framework for ecological resilience of Amazonian ecosystems explained in this chapter provides an integrative way of looking at these complicated systems. An advantage of this approach is the fact that disturbances can be considered simultaneously, although they may be occurring at different rates. Additionally, the concept of possible thresholds of ecosystem activity can be considered. If there is no conceptual framework that outlines the possibility of regime shifts, then it is difficult to perceive the fact that there might actually be factors that could lead to permanent changes to ecosystem states in Amazonia. Remote sensing and GIS are the tools necessary to continuously monitor the status of these ecosystems. Regulatory regimes and other government programs can also be monitored for their efficacy using these tools. Changing public perceptions through introducing environmental content into programs such as the Cultural Hotspots project may help to foster public discourse related to sustainable development and lead to the development of progressive policies for conservation and sustainable resource management. Continuous monitoring and research into the coupling of social and economic development with ecosystem service provision will be essential for a sustainable future for Amazonian rainforests.

1.10 References

Achard, F., Eva, H.D., Stibig, H.J., Mayaux, P., Gallego, J., Richards, T. Malingreau, J.P. 2002. Determination of Deforestation Rates of the World's Humid Tropical Forests. *Science*, **297**: 999-1002.

Agassi, J. 1985. Technology: Philosophical and Social Aspects. Dordrecht and Boston. Reidel. 272 pp.

Aragão, L.E.O.C., Malhi, Y., Roman-Cuesta, R.M., Saatchi, S., Anderson, L.O., and Shimabukuro, Y.E. 2007. Spatial patterns and fire response of recent Amazonian droughts. 34: Lo7701, doi: 10.1029/2006GL028946.

Asner, G.P., Broadbent, E.N., Oliveira, P.J.C., Keller, M., Knapp, D.E., and Silva, J.N.M. 2006. Condition and Fate of Logged Forest in the Brazilian Amazon. *Proceedings of the National Academy of Sciences*. **103**: 12947-12950.

Asner, G.P., Knapp, D.E., Broadbent, E.N., Oliviera, P.J., Keller, M., and Silva, J.N. 2005. Selective Logging in the Brazilian Amazon. *Science*. **310**: 480-482.

Asner, G.P., Townsend, A.R., Bustamente, M.M.C., Nardoto, G.B., and Olander, L.P. 2004. Pasture degradation in the central Amazon: linking changes in carbon and nutrient cycling with remote sensing. *Global Change Biology*. **10**: 844-862.

Beisner, B.E., Haydon, D.T., and Cuddington, K. 2003. Alternative stable states in ecology. *Frontiers in Ecology and the Environment*. 1(7): 376-382.

Brovkin ,V., Claussen, M., Driesschaert, E., Fichefet, T., Kicklighter, D., Loutre, M.F., Matthews, H.D., Ramankutty, N., Schaeffer, M., and Sokolov, A. 2006. Biogeophysical effects of historical land cover changes simulated by six Earth system models of intermediate complexity. *Climate Dynamics.* **26**: 587-600.

Bunge, M. 1998. Social Science Under Debate. Toronto, Buffalo, and London. University of Toronto Press. 538 pp.

Bunge, M. 1985. Treatise on Basic Philosophy Vol 7, Philosophy of Science and Technology, Part II: Life Science, Social Science, and Technology. Dordrecht and Boston. Reidel. 341 pp.

Carpenter, S., Walker, B., Anderies, M.J., and Abel, N. 2001. From Metaphor to Measurement: Resilience of What to What? *Ecosystems.* **4**: 765-781.

Cochrane, M. 2003. Fire Science for Rainforests. *Nature.* **421**: 913-919.

Cochrane, M., Alencar, A., Schulze, M.D., Souza Jr. C.M., Nepstad, D.C., Lefebvre, P. and Davidson, E.A. 1999. Positive feedbacks in the fire dynamic of closed canopy tropical forests. *Science.* **284**: 1832-1835.

Cochrane, M.A. and Laurance, W.F. 2002. Fire as a large-scale edge effect in Amazonian Forests. *Journal of Tropical Ecology.* **18**: 311-325.

Costa, M.H. and Foley, J.A. 2000. Combined effects of deforestation and doubled atmospheric CO_2 concentrations on the climate of Amazonia. *Journal of Climate.* 13:18-34.

Cox, P.M., Betts, W., R.A., Collins, M., Harris, P.P., Huntingford, C., and Jones, C.D. 2004. Amazonian forest dieback under climate-carbon cycle projections for the 21st century. *Theoretical and Applied Climatology.* **78**: 137-156.

Cox, P.M., Betts, R.A., Jones, C.D., Spall, S.A., and Totterdell, I.J. 2000. Acceleration of global warming due to carbon cycle feedbacks in a coupled climate model. *Nature.* **408**, 184—187.

Da Silveira Lobo Sternberg, L. 2001. Savanna-forest hysteresis in the tropics. *Global Ecology and Biogeography.* **10**: 369-378.

Dirzo, R. and P.H. Raven. 2003. Global state of biodiversity and loss. *Annual Review of Environmental Resources.* **28**: 137-67.

Eltahir, E.A.B. 1996. Role of vegetation in sustaining larg-scale atmospheric circulations in the tropics. *Journal of Geophysical Research – Atmosphere.* **101**: 4255-4268

Eltahir, E.A.B. and Bras, R.L. 1994. Precipitation recycling in the Amazon basin. *Quarterly Journal of the Royal Meteorological Society.* **120**: 861-880.

Folke, C., Carpenter, S., Elmqvist,T., Gunderson, L., Holling, C.S., andWalker, B. 2002. Resilience and Sustainable Development: Building Adaptive Capacity in a World of Transformations. *Ambio*. 31(5): 437-440.

Gil, G. 2008. "Rights and digital culture: Gilberto Gil on innovative practices". Media@McGill lecture series. URL: http://media.mcgill.ca/en/node/.

Groffman, P.M., Baron, J.S., Blett, T., Gold, A.J., Goodman, I., Gunderson, L.H., Levinson, B.M., Palmer, M.A., Paerl, H.W., Peterson, G.D., Poff, L.N., Rejeski, D.W., Reynolds, J.F., Turner, M.G., Weathers, K.C., Wiens, J. 2006. EcologicalThresholds:The Key to Successful Environmental Management or an Important Concept with No Practical Application? *Ecosystems*. **9**: 1-13.

Foley, J.A., Asner, G.P., Costa, M.H., Coe, M.T., DeFries, R., Gibbs, H.K., Howard, E.A., Olson, S., Patz, J., Ramankutty, N., Snyder, P. 2006. Amazonia revealed: forest degradation and loss of ecosystem goods and services in the Amazon Basin. *Frontiers in Ecology and the Environment*. **5**(1): 25-32.

Foley, J.A., Costa, M.H., Delire, C., Ramankutty, N., and Snyder, P. 2003. Green Suprize? How terrestrial ecosystems could affect earth's climate. *Frontiers in Ecology and the Environment*. **1**(1): 38-44.

Foley, J.A., Levis, S., Costa, M.H., Cramer, W., and Pollard, D. 2000. Incorporating Dynamic Vegetation Cover within Global Climate Models. Ecological Applications. **10**(6): 1620-1632.

Fearnside, P.M. 2002. Avanca Brasil: Environmental and social consequences of Brazil's planned infrastructure in Amazonia. *Environmental Management*. **30**: 735-747.

Fearnside P. 2001. Soybean cultivation as a threat to the environment in Brazil. Environmental Conservation 28. 16p.

Fearnside, P.M., and Barbosa, R.I. 1998. Soil carbon changes from conversion of forest to pasture in Brazilian Amazonia. *Forest Ecology and Management*. **108**: 147-166.

Goldenberg J. 2006. The ethanol program in Brazil. Environmental Research Letters. 1014008 (5pp).

Holling, C.S. 1973. Resilience and Stability of Ecological Systems. *Annual Review of Ecology and Sytematics*. **4**: 1-23.

Houghton, R.A., Skole, D.L. and Nobre, C.A. 2000. Annual fluxes of carbon from deforestation and regrowth in the Brazilian Amazon. *Nature*. **403**: 301-304.

Hutyra, L.R., Munger, J.W., Nobre, C.A., Saleska, S., Vieira, S.A., and Wofsy, S.C. 2005. Climatic variability and vegetation vulnerability in Amazonia. Geophysical Research Letters. **32**: L24712. 4 pp.

Laurance W.F. and Williamson, G.B. 2001. Positive Feedbacks among Forest Fragmentation, Drought, and Climate Change in the Amazon. *Conservation Biology*. **15(**6): 1529-1535.

Lean, J., Rowntree, P., Betts, R., Cox, P., and Woodward, F. 1993. A GCM simulation of the impact of Amazonian deforestation on climate using an improved canopy representation. *Quarterly Journal of the Royal Meteorological Society*. **119**: 509-530

Lee, J.E., Oliveira, R.S., Dawson, T.E., and Fung, I. 2005. Root functioning modifies seasonal climate. *Proceedings of the National Academy of Science*. **102**(49): 17576-17581.

Malhi, Y. Roberts, J.T., Betts, R.A., Killeen, T.J., Li, W., and Nobre, C.A. 2007. Climate change, deforestation, and the fate of the Amazon. *Science Express*. Published online 22 November 2007; 10.1126/science.1146961. www.scienceexpress.org

Marengo, J.A. 2007. The drought of Amazonia in 2005. *Journal of Climate*. *In Press*.

Moorcroft, P.R. 2003. Recent advances in ecosystem-atmosphere interactions: an ecological perspective. *Proceedings of the Royal Society of London B*. **270**: 1215-1227.

Myneni, R.B., Yang, W. Nemani, R.R., Huete, A.R., Dickinson, R.E., Knyazikhin, Y., Didan, K., Fu, R, Negron Juarez, R.I., Saatchi, S.S., Hashimoto, H., Ichii, K., Shabanov, N.V., Tan, B., Ratana, P., Privette, J.L., Morisette, J.T., Vermote, E.F., Roy, D.P., Wolfe, R.E., Friedl, M.A., Running, S.W., Votava, P., El Saleous, N., Devadiga, S., Su, Y., and Salomsonson, V.V. 2007. Large seasonal swings in leaf area of Amazon rainforests. *Proceedings of the National Academy of Sciences of the United States of America*. **104**(12): 4820-4823.

Nepstad, D., Schwartzman, S., Bamberger, B., Santilli, M., Ray, D., Schlesinger, P., Lefebvre, P. Alencar, A., Prinz, E., Fiske, G., and Rolla, A. 2006. Inhibition of Amazon Deforestation and Fire by Parks and Indigenous Lands. *Conservation Biology.* **20**, 65

Nepstad, D., Lefebre, P., Da Silva, U.L. Tomasella, J. Schlesinger, P. Solórzano, L., Moutinho, P., Ray, D., and Benito, J.G. 2004. Amazon drought and its implications for forest flammability: a basin-wide analysis. *Global Change Biology.* **10**: 704-707.

Nepstad, D.C. Verissimo, J.A., Alencar, A., Nobre, C.A., Lima, E., Lefebvre, P., Schelsinger, P., Potter, C., Moutinho, P., Mendoza, E., Cochrane, M., and Brooks, V. 1999. Large-scale impoverishment of Amazonian forests by logging and fire. *Nature.* **398**: 505-508.

Nix, H.A. 1983. "Climate of tropical savannas" *In* Ecosystems of the World, vol. 13, Torpical Savannas, Edited by: Bourliere, F. Elsevier, New York. pp. 37-62.

Nobre, C.A., Sellers, P.J., and Shuckla, J. 1991. Amazonian deforestation and regional climate change. *Journal of Climate.* **4**: 957-988.

Oyama, M.D., and Nobre, C.A. 2003. A new climate-vegetation equilibrium state for Tropical South America. *Geophysical Research Letters.* **30**(23): 2199, doi:10.1029/2003GL018600

Peterson, G.D., Carpenter, S.R., and Brock, W.A. 2003. Uncertainty and the Management of Multistate Ecosystems: An Apparently Rational Route to Collapse. *Ecology.* **84**(6): 1403-1411.

Peterson, G.D. 2002. Contagious Disturbance, Ecological Memory and the Emergence of Landscape Pattern. *Ecosystems.* **5**: 329-338.

Peterson, G.D. 1998. Ecological Resilience, Biodiversity, and Scale. *Ecosystems.* **1**: 6-18.

Polunin, N. 1960. Introduction to Plant Geography and Some Related Sciences. Longmans, London. 640 pp.

Reiners, W.A., Bouman, A.F., Parsons, W.F.J. and Keller, M. 1994. Tropical rain forest conversion to pasture: changes in vegetation and soil properties. *Ecological Applications.* **4**: 363-377.

Salati, E. 1985. The climatology and hydrology of Amazonia. In: *Amazonia* (eds. Prance, G.T., Lovejoy, T.E.). Pergamon, New York. pp. 3-17.

Salati, E. and Vose, P.B. 1984. Amazon Basin: a system in equilibrium. *Science.* **225**: 129-138.

Scheffer, M. and Carpenter, S.R. 2003. Catastrophic regime shifts in ecosystems: linking theory to observation. *Trends in Ecology and Evolution*. **18**(12): 648-656.

Scheffer, M., Foley, J.A., Folke, C., and Walker, B. 2001. Catastrophic shifts in ecosystems. *Nature*. **413**: 591-596.

Skole, D. and Tucker, C. 1993. Tropical Deforestation and Habitat Fragmentation in the Amazon. *Science*. **260**: 1905-1910.

Soares-Filho, B.S., Nepstad, D.C., Curran, L.M., Cerqueira, G.C., Garcia, R.A., Ramos, C.A., Voll, E., McDonald, A., Lefebre, P., and Schlesinger, P. 2006. Modelling conservation in the Amazon basin. *Nature*. **440**: 520-523.

Sutherland, J.P. 1974. Multiple stable points in natural communities. American Naturalist. **108**: 859-873.

Capítulo 2
AMAZONIAN CONSERVATION: A LONG-TERM CULTURAL AND CLIMATE CHANGE PERSPECTIVE

MARK B. BUSH[3]

PAULO DE OLIVEIRA[4]

Conservation of Amazonia is rapidly approaching a critical crossroads. If the present path is followed an extinction event without parallel in the last 10 million years can be anticipated to occur, perhaps within the lifetime of today's newborn infant. Taking the path that will lead to successfully maintaining the great majority of Amazonian species will require both local and international initiatives to be enacted quickly.

Amazonia is caught in a pincer of land clearance and climate change. In this chapter we will not dwell on the causes of land clearance or policies of road expansion as this has been extensively covered in recent papers (Laurance et al. 2001). Rather, we will consider the long-term perspectives of how cultural and climatic changes should enter into the consideration of conservation decision-making.

---

3. Scientific Researcher and Professor at Departament of Biological Sciences. Florida Institute of Technology, Flórida, USA.
4. Scientific Researcher at Laboratório de Geociências da Universidade Guarulhos, São Paulo, Brazil.

1. Histories of human influence

Human influence on Amazonian forests is not new, but the new pattern of disruption is more widespread, long-lasting and intense, than that of pre-modern cultures. Some archaeologists and anthropologists are advocating that the Amazon forests were massively manipulated by indigenous cultures prior to the arrival of Columbus (Mann 2005, Erickson 2006). A consensus is emerging that human populations had an extensive influence on the drainage of the Bolivian savannas, and major settlements along the main Amazon channel presumably caused local deforestation (Heckenberger et al. 2007). Terra preta soils, blackened with ash and organic chemicals, provide better fertility than the native soils (Lehman et al. 2003). Broken pottery is very common in terra preta soils suggesting that these soils were the deliberate or accidental product of human activity. Terra pretas are scattered across Amazonia, though mostly documented in the moderately seasonal, rather than aseasonal or dry forest settings (Bush and Silman 2007).

A related and somewhat contentious debate surrounds the pre-Columbian populations of Amazonia (Denevan 1996, Meggers 2003). Probably the concensus among archaeologists is that populations of indigenous peoples collapsed under the pressure of European diseases in the 16th and 17th centuries. In the wake of what may have been a 50-95% reduction in population, cultivated lands were abandoned and successional forests claimed fields and riverbanks. Perceptions of Amazonia by the first scientists visiting the region were undoubtedly colored by entering this depopulated landscape. Hence there were born the ideas of a virgin forest untouched by human enterprise (Wallace 1853, Bates 1863).

While it is evident that people have lived within Amazonia for the last 13,000 years (Roosevelt et al. 1996), and were broadly distributed across Amazonia, the suggestion that all of Amazonia was occupied and manipulated by humans is probably an overstatement. Indeed, present evidence points to rather local impacts of pre-Columbian settlements.

In four instances where we have investigated human impacts at a landscape level in Brazil, Ecuador and Peru the same pattern emerges. A central occupation site that was used for millennia, supported a population that supplemented their diet with maize agriculture. However, despite that long-term occupation, sites within 20 km were undisturbed or very lightly disturbed by this millennial-scale human presence (Bush et al. 2007a, Bush and Silman 2007, Bush et al. 2007b). While these data are preliminary, they are the only ones that we have to evaluate the scale of disturbance, and suggest that the great majority of Amazonia was lightly impacted or untouched by pre-Columbian human activity. We see no parallel in the pre-Columbian settlement of the modern front of human occupation and deforestation sweeping into Amazonia.

2. Fire in prehistory

A key tool in the arsenal of human occupation has always been fire. For any given night, satellite imagery reveals the pattern of thousands of fires burning within Amazonia. Those fires are largely concentrated within the areas of densest human settlement, with a very thin scatter elsewhere across the basin. With just a few exceptions (in the driest regions of the basin), it can be argued that fire does not occur naturally within Amazonia (Bush and Silman 2007).

Indeed, a single low-intensity (groundfire not a canopy fire) passing through an Amazonian forest can result in a 50% decline in biomass, with the largest trees being those most severely affected (Peres 1999, Cochrane et al. 2002, Cochrane and Laurance 2002). That same fire will induce a complete change in the species composition of birds that live close to the forest floor (Barlow et al. 2002). Thus fires are a transforming influence on forests that changes their species composition, structure, and growth.

Although there are no detailed records of Amazonian ecosystems before the 19th century, we can track the history of fire in Amazonia through fossil charcoal recovered from lake sediments. Ancient lakes have accumulated sediment since their inception, and charcoal, pollen and microalgae trapped layer upon layer, year after year, in the mud provide invaluable insights into Amazonian prehistory. In general, those records are charcoal-free for thousands of years until other signs of human occupation, such as corn pollen, are found (Peres 1999, Cochrane et al. 2002, Cochrane and Laurance 2002, Bush et al. 2007b). Thereafter, fire becomes a regular component shaping the landscape.

Another source of data for past fire frequency comes from charcoal found in soils. Many researchers have dated charcoal recovered from soil pits, and more than 300, ^{14}C dates have been published on such charcoal layers across Amazonia (Bush et al. 2008). When calibrated to correct for some well-understood standing errors in the dating method, those ages form a remarkable pattern with the great majority falling into three narrow ranges of ages, 750, 1150 and 1400 AD. The ages coincide with known periods of insolation minima, and inferred drought in Amazonia. We have suggested that this pattern reflects fires initiated by human activity that then became wildfires. Again, these charcoal records are not randomly distributed within Amazonia but concentrated in the region of moderate seasonality. Further research needs to determine whether this spatial distribution is an artifact of uneven sampling or a genuine pattern.

Even these periods of intense fire activity, probably burned a trivially small proportion of the total area of Amazonia. While such fires would have been devastating in the short-term where they occurred, their overall small spatial scale and long inter-fire recovery periods (hundreds of years) would have meant that the forests had ample opportunity to recover from these events. The lesson that we learn from these observations is that under drought conditions Amazonian forest can become flammable, and humans can provide the source of ignition. Thus as we start to think about climate change the possibility of increased fire activity must be considered.

3. Past and future climate change

The incredible biodiversity of Amazonia was initially explained by the "timelessness" of the forest. Like a museum Amazonia was seen as offering constant conditions in which species accumulated through time, but rarely went extinct. This view prevailed from the time of Wallace and Bates until the late 1960s. In a radical departure from this view it was suggested that the diversity was a product of a climatic pump that oscillated between aridity and wet conditions (Haffer 1969, 1997). Under wet conditions (such as now) the Amazon basin was forested, but during ice ages aridity gripped the land and most of the forest was replaced by savanna. With each contraction of the forest to isolates, dubbed by ecologists refugia, speciation occurred. This elegant hypothesis of ice-age refugia was widely accepted, but like many beautiful ideas is quite wrong and equally dangerous.

Subsequent paleoecological and genetic studies have revealed major flaws in the hypothesis of ice-age Amazonian aridity, not the least of which is that ice ages were not especially arid times in Amazonia (Colinvaux et al. 2001, Bush 2006). Long-term patterns of precipitation change in Amazonia have less to do with the coming and going of ice ages than the influence of Earth's wobbling orbit around the sun. One of these wobbles has a ~22,000-year rhythm, termed the precession of the equinoxes, or precession for short. Precession determines which season occurs when we are closest to the sun. Over the course of 22,000 years, we pass through the full cycle of midsummer being nearest the sun, through midwinter being nearest (the present state), and back to midsummer again. It is this cycle that appears to have the strongest effect on Amazonian precipitation (Clement et al. 2004). However, the Amazon basin is so large and the influences on climate so complex that some parts of Amazonia were wet when other were dry and so forth. In other words the Amazon Basin does not behave as a climatic monolith today, nor did it in the past (Bush and Silman 2004).

The paleoecological data are quite clear, the Amazon rainforest was not fragmented by aridity and its area was minimally changed by the coming and going of 11,000 year-long dry phases as part of the precessional cycle. During the driest of those phases between about 35,000 and 24,000 years ago in northern Amazonia (Bush et al. 2002) and between about 27,000 and 16,000 years ago in eastern Amazonia (Absy et al. 1991), there was some savanna expansion along the modern savanna-forest boundary (Behling 1998, Behling and Hooghiemstra 1999, Mayle et al. 2000). But this expansion was 10s to 100s of km not the 1000s of km needed to break up the great mass of forest. The modern north–south dry corridor that passes through Santarém probably held a semi-deciduous forest (Cowling et al. 2004). Again, this belt of drier forest was relatively narrow, but perhaps biogeographically important. The basic pattern of where wetter and drier forests formed in the last ice-age is probably a fairly accurate indicator of where they would have formed in the last two million years. There is a long-standing mystery as to how savanna habitats in northern and southern Amazonia shared the same species or had very closely related species (Pennington et al. 2004). The savanna organisms are generally unable to penetrate rainforests and yet there must have been some past connectivity to produce the modern pattern. Now it appears that the semi-deciduous forests of eastern Amazonia may have very rarely been dry enough to allow that migration (probably not in the last 1 million years). A new study of crotalid snakes (rattlesnakes) provides evidence that they migrated from northern savannas through the Santarem dry corridor some time between 1 and 2 million years ago (Quijada-Mascareñas et al. 2007). Given that rattlesnakes would have used other corridors if they were available, these genetic data provide another indication that other areas of the Amazon basin have retained a dense forest cover for at least the last million years.

So why do we suggest that a failed model to explain Amazonian speciation is dangerous? Because, the model was so widely accepted it became accepted that Amazonian forests could survive substantial aridity. An aridity they have never faced, let alone survived. Now as we experience human-induced climate change, the specter of Amazonian aridity is being projected as a distinct possibility for later this century. If the projections are true, rather than saying Amazonian forests have survived previous dry cycles, we now know that we should be deeply concerned for the future of that biota.

The Hadley global circulation model (HadCM3) is the only fully-coupled climate model that operates at the global scale. A fully-coupled model is one that includes the dynamics of oceanic heating and evaporation into the overlying atmosphere, at the same time as dealing with vegetation evapotranspiration and convection-inducing rains. However, these models are far from perfect and still fail to represent cloudiness (a huge variable) realistically. Despite some weaknesses in the model, it is the best approximation we have for future climates and it suggests a major drying of Amazonia over the next 90 years (Cox et al. 2000, Cox et al. 2004). The model can be run under a variety of assumptions, or scenarios, based on expectations of atmospheric CO_2 concentrations. All the simulations show the Amazon Basin becoming warmer and drier. The new conditions favor the replacement of rainforest with savanna vegetation. The most benign of the scenarios suggests that by the end of this century about half of Brazilian Amazonia will be savanna, and in the most extreme scenario virtually all of Amazonia has lost its rainforest with just residual patches existing in the wettest areas of Peru and Ecuador. It is important to note that these scenarios include neither land-clearance nor the effects of fire.

Had the refugial hypothesis of Amazonian aridity been true it might have been argued that the Amazon and its biodiversity has withstood comparable fragmentation in the past and survived. And that is why the misconception of ice-age aridity in Amazonia is so dangerous, it provides a false sense of ecosystem resilience to drying. The predicted changes are without prior precedent in the last several million years.

4. Past and future rates of change

One of the most worrying aspects of climate change in Greenland and Antarctica is that the rate of ice melting appears to be taking place much faster than at any time in the recorded past (high resolution records exist for about the last 800,000 years). Thus, it is not just the amount of change, but that it is happening so fast that it does not give societies or wildlife time to adapt to the new conditions. The same argument can be made from the Atlantic rainforests of Brazil to the eastern flank of the Andes.

How do the HadCM3 projected changes of 5 °C of warming and a reduction in precipitation of 20-40% in the next century, compare with changes in the past? Determining precise precipitation changes from the paleoecological record is problematic, but we can provide good estimates (about +/- 1 °C) of temperatures in the past based on fossil pollen from lake sediments (Weng et al. 2004). Coincidentally, the amount of temperature projected to take place this century is the same as the amount of cooling, relative to present, experienced in lowland Amazonia during the last ice age. The paleoecological record shows that the warming that began at c. 21,000 years ago in Amazonia continued as a gradual, continuous process until about 11,000 years ago. Thus, the average rate of warming was (5 °C over 10,000 years) in round numbers about 0.05 °C per century; two orders of magnitude slower than that of our present century (Bush et al. 2004).

This new rate of warming is likely to lead to some species migrating, whereas others will be unable migrate far enough and fast enough to keep pace with that change. Many tropical species have very narrowly defined conditions in which they are found, relying on a particular soil type or host plant, If the right climate does not exist over the right soil type there is no prospect of those plants and all their dependent species migrating. That some species will need other species (i.e. specific pollinators or mycorrhizal fungae) to migrate at the same rate reduces the probability that ecosystems will keep pace with these climatic changes. Trying to put a hard number on the probable number of species to go extinct is beyond our capabilities, we simply do not know enough about these systems. What can be said is that avoidable human actions will place the greatest stress experienced in more than a million years on the system with Earth's highest biodiversity within the next century. A pattern that will be repeated in all other tropical regions.

5. The constancy of niche not community

One of the most important lessons to emerge from paleoecological studies is that all ecosystems are subject to change. The old idea of a timeless or unchanging ecosystem is as inaccurate for Amazonia as it was for North America and Europe (Davis 1981, Colinvaux 1987). The precessional changes in precipitation and cooling associated with the last ice age caused a continuous shuffling of species abundances and distributions. Consequently, the fact that communities that we recognize today will cease to exist in the future is to be expected and should not be fought. Conservation is not preservation. Attempting to preserve a specific biological community makes no ecological sense; while attempting to conserve its niche is all important (Bush and Lovejoy 2007).

That niche and community are not the same thing can be demonstrated by a simple example. Pygmy marmosets live in vine tangles and so they will only be found in forests with such vines. However, the kind of vine is secondary to the formation of a sheltering tangle. Thus the species composition of the vines could change, thereby changing the community without changing the niche of the marmoset.

Perhaps this difference seems like splitting-hairs, but it is going to be the key to successful conservation in ecosystems from Alaska to Manaus. While the precise species combinations and abundances of a community are essentially ephemeral, the niches that those species occupy are near-permanent. Ecologists use niche in this context as the combination of conditions that guarantee successful reproduction. An important realization is that the majority of vertebrate species living in Amazonia are between 4 and 10 million years old (invertebrates and plants may be considerably older) (Hall and Harvey 2002). Species do not arise quickly in response to new conditions, so we can abandon the hope that species will evolve to deal with new conditions: they will not. A species will be able to adapt to the extent that its niche still exists. In other words, the conditions that allow each of those species to have existed for millions of years have been continuously present for that time. Ensuring that those niches continue should be the goal of conservation.

6. The qualified power of succession

Given the dual threat of human activity and climate change, Global and local solutions can be proposed. Clearly, limiting emissions of greenhouse gases as quickly as possible must be a base premise for all conservation activities. Adopting appropriate social policy that limits habitat destruction, especially unintended destruction through escape of fire is also necessary. Such policy solutions are beyond the scope of this chapter, rather we outline some ecological factors that can be included in those policy discussions.

Old growth forest provides the optimal suite of habitats for most species that will need to be conserved. Such forests, with their large trees, festooning lianas, decaying stumps and tree cavities, offer more humid microclimates for growth, more complex structures, than a less mature forest. Old growth forests can support more than 300 types of tree per hectare compared with fewer than 50 types in a young forest. Taken together, these features provide many more niches in an old-growth forest than in a young successional stand (Richards 1996). Making the conservation of old growth stands a priority.

However, another priority must be to provide migratory corridors that will allow species to move through the landscape. Such landscape connectivity is a cornerstone of most dynamic conservation plans. While this strategy has been argued for elevational habitat corridors, a case should also be made for maintaining connectivity within Amazonia via riparian corridors and trying to create a network of protected habitat to avoid preserved areas becoming isolated within a deforested matrix.

Although young secondary forest is not an adequate ecological replacement for old growth forest, the economics of returning deforested land to regrowing forest may change radically as carbon sequestration becomes monetarized. While those successional forests may offer a non-traditional source of revenue, if carefully planned they could provide essential connectivity by the time species are forced to migrate as a result of climate change. The very youngest successions are of limited ecological value, but successional forests >50 years in age begin to provide valuable wildlife benefits. Such young forests may not provide populations with good reproductive habitat, but they can provide the cover necessary for species migration, and serve as buffer areas protecting older growth systems from fire pollution or illicit hunting and logging. The moderate quality habitats offered by young successions cannot support some obligate deep forest species, but for many other species they form 'sink' habitats (Pulliam and Danielson 1991), or as habitat for some pre-reproductive populations. A sink is defined as a habitat in which the population reproduces at such a low rate that it cannot sustain itself (i.e. deaths exceed the number of young maturing to become reproductive). If all habitats are sinks the species would go extinct, but so long as the sinks are mixed into a landscape of reproductively successful source populations (i.e. that produce more individuals than necessary to offset mortality in that habitat), the population may be stable. Sink habitats can provide an essential role in providing living space for the young, or simply allowing a larger population, and therefore, broader genetic base to persist than in source areas alone.

The longer the succession continues the more of the sinks will convert to sources. Given that 50 years will provide moderate quality habitat, but high quality habitat will probably take 100-300 years to become established, is there time for this to occur?

The rate of deforestation for agriculture can be controlled, that is an issue of local and federal political will. The rate of climate change depends on how the international community behaves and is beyond the direct control of any single government. The moderately optimistic models predict that human population will stabilize at around 10 billion, and that burning of fossil fuels will peak in the middle of this century (IPCC 2007). Because of lag effects of greenhouse gases lingering in the atmosphere for decades after their emission, the trend of warming of Amazonia will probably continue throughout this century, but may plateau early in the next.

If the most dire predictions of the Hadley climate models (Cox et al. 2000) come true (they estimate about a 15% probability of that outcome), then the future of Brazilian Amazonia is bleak. If, however, the international community becomes active in limiting emissions in the next 15 years, the more benign scenarios would be more likely outcomes.

Paleoecology has some hope to offer under those circumstances. Within the last 150,000 years, much less than the evolutionary lifetime of almost all Amazonian species, Amazonia experienced temperatures about 2 °C warmer than present. During the peak of the last interglacial (~132,000-115,000 years ago) the tropics experienced warmer and drier climates than today (Hanselman et al. 2005). We still do not know how all the species responded to those conditions, but we do know that they survived them! At present rates of warming, that gives us about 50 -100 years to stabilize Amazonian climates.

In 50-100 years we can expect plants and animals to be migrating within the Amazonian landscape, dying out in some areas and thriving in others. What we need to do is to provide the connectivity that allows species migrations on local and regional scales. By acting now to take cattle pasture back into forest, not only do we sequester carbon, but in 50-100 years we would be providing essential habitat.

7. The path to sustainability

Recent disclosures about deforestation rates in Brazil have stimulated a nationwide debate on strategies to curb destruction of forest ecosystems that threaten global biodiversity.

The Brazilian government has now started a more detailed examination of its policies of financing programs of agricultural and other land use within its Amazonian terra firme forests. This initiative is welcomed by the scientific community as it joins other positive efforts of federal institutions to preserve these unique ecosystems. For example, INPE´s – the National Institute for Space Research – plan to identify tracts of secondary forests in the State of São Paulo that can form the basis of ecological corridors connecting biological reserves. Decades of research by the INPA/Smithsonian joint project on the loss of biodiversity stability within Amazonian forest fragments underscores the necessity to implement landscape-scale conservation strategies. With the expansion of sugar and soy plantations that threaten Amazonia, further fragmentation of natural landscapes can be anticipated. One suggestion proposed by Brazilian scientists is to increase, within the Brazilian Forest Code, the area of protected gallery forest. This ecosystem is rapidly being lost especially in areas now dedicated to sugar cane production, but an effort to reconnect the fragments could reverse this path to extinction.

In considering the long-term probability of conservation success, it is imperative that the lessons learned from many studies of reduced geneflow in fragmented landscapes are translated into management action. A priority must be to promote geneflow and reduce habitat isolation through the establishment of habitat corridors. The reconnection of the Serra da Capivara and Serra da Confusão National Parks, in the northeastern State of Piauí would be an excellent first step toward promoting the survival of these threatened caatinga environments. Unfortunately this excellent strategy has not yet been implemented.

Another issue that deserves serious consideration by Brazilian authorities concerns the study of mutualistic biotic interactions. Pollinators and mycorrhizae are essential to rapid forest recovery and succession in degraded areas. Higher animals can also be involved in these processes. For example, the role of bats as pollinators and dispersers of seed can be an important component of forest recovery. Although these indirect biotic effects are well known among scientists, they have only has recently been of interest to the Brazilian media of the large urban centers of São Paulo and Rio de Janeiro. Improving the ecological information content of news stories carried nationwide is an important step toward gaining the political and social will necessary to enact and enforce conservation-oriented policies.

Simply stating that existing forest resources cannot be harvested is probably politically untenable in some locations. A long term pilot project developed by the Vale do Rio Doce forest engineers is investigating the possibility of developing sustainable harvesting while still meeting forestry and conservation goals. In their project, selective logging of key hardwood species is accomplished within a long-term vision of sustaining these commercially resources. In so doing, it is hoped that an understanding of how to maintain both species of economic importance and forest biodiversity as a whole will emerge.

In conclusion, many of the pieces of the conservation puzzle are already in place. A wealth of genetic and ecological knowledge forms a solid basis for conservation science. In many areas local laws have already been passed that would conserve landscapes and biodiversity. However, gaps in the puzzle are formed by a lack of enforcement of existing laws, or poor land management practices that provide short-term economic gain, rather than sustainable yields. Without law enforcement, there is no hope for any sustainable project to thrive. One of the key changes that must be accomplished is to educate politicians and the public alike that Amazonian forests should be treated as a sustainable resource and not mined.

8. Conclusions

The threats to Amazonia are evolutionarily novel, a loss of rainforest habitat, the prospect of climates with analog in the past several million years, and the regular presence of fire. PA paleoecological perspective reinforces the uniqueness of this combination of pressures on the biota of Amazonia. While local policies can curb the worst effects of deforestation and fire, averting an Amazon forest dieback due to climate change will require international initiatives to control greenhouse gases emissions and human population growth.

The rate of temperature change anticipated within Amazonia this century is about 100x the rate of the fastest natural change experienced in the last 100,000 years. While these changes will undoubtedly cause species to migrate, that rate is so fast that many species may not be able to move quickly enough to maintain tolerable living conditions; at that point an extinction will occur. The analysis of mutation rates in DNA within lineages reveals that species arise slowly, with the majority of Amazonian species probably being at least 4-10 million years in age. That species are so slow to appear makes the loss of species due to our activities all the more serious. Speciation will not compensate for the extinctions we induce.

The keys to successful conservation will include the provision of migrational corridors and maintaining the niche of all species (as opposed to trying to maintain communities). A window of opportunity exists for a few years to avoid the worst of the predicted impacts of global climate change. Policy changes that set aside land for conservation and reduce greenhouse gas emissions are needed immediately.

9. References

Absy, M. L., A. Clief, M. Fournier, L. Martin, M. Servant, A. Sifeddine, F. d. Silva, F. Soubiès, K. T. Suguio, and T. van der Hammen. 1991. Mise en évidence de quatre phases d'ouverture de la forêt dense dans le sud-est de L'Amazonie au cours des 60,000 dernières années. Première comparaison avec d'autres régions tropicales. Comptes Rendus Academie des Sciences Paris, Series II **312**:673-678.

Barlow, J., T. Haugaasen, and C. A. Peres. 2002. Effects of ground fires on understory bird assemblages in Amazonian forests. Conservation Biology **105**:157-169.

Bates, H. W. 1863. The naturalist on the River Amazon. John Murray, London.

Behling, H. 1998. Late Quaternary vegetational and climatic changes in Brazil. Review of Palaeobotany and Palynology **99**:143-156.

Behling, H., and H. Hooghiemstra. 1999. Environmental history of the Colombian savannas of the Llanos Orientales since the Last Glacial Maximum from lake records El Pinal and Carimagua. Journal of Paleolimnology **21**:461-476.

Bush, M. B. 2006. The rise and fall of the refugial hypothesis of Amazonian speciation. Pages 15pp *in* Biota Neotropica.

Bush, M. B., M. C. S. Listopad, and M. R. Silman. 2007a. A regional study of Holocene climate change and human occupation in Peruvian Amazonia. Journal of Biogeography **34**:1342-1356.

Bush, M. B., and T. E. Lovejoy. 2007. Amazonian conservation: pushing the limits of biogeographical knowledge Journal of Biogeography **34**:1291-1293.

Bush, M. B., M. C. Miller, P. E. de Oliveira, and P. A. Colinvaux. 2002. Orbital forcing signal in sediments of two Amazonian lakes. Journal of Paleolimnology **27**:341-352.

Bush, M. B., and M. R. Silman. 2004. Observations on Late Pleistocene cooling and precipitation in the lowland Neotropics. Journal of Quaternary Science **19**:677-684.

Bush, M. B., and M. R. Silman. 2007. Amazonian exploitation revisited: Ecological asymmetry and the policy pendulum. Frontiers in Ecology and the environment **5**:457-465.

Bush, M. B., M. R. Silman, M. B. de Toledo, C. R. S. Listopad, W. D. Gosling, C. Williams, P. E. de Oliveira, and C. Krisel. 2007b. Holocene fire and occupation in Amazonia: Records from two lake districts. Philosophical Transactions of the Royal Society of London. Ser. B. **362**:209-218.

Bush, M. B., M. R. Silman, C. McMichael, and S. Saatchi. 2008. Fire, climate change and biodiversity in Amazonia: a Late-Holocene perspective. Philosophical Transactions of the Royal Society of London, B, **DOI 10.1098/rstb.2007.001**.

Bush, M. B., M. R. Silman, and D. H. Urrego. 2004. 48,000 years of climate and forest change from a biodiversity hotspot. Science **303**:827-829.

Clement, A. C., A. Hall, and A. J. Broccoli. 2004. The importance of precessional signals in the tropical climate. Climate Dynamics **22**:327-341.

Cochrane, M. A., A. Alencar, M. D. Schulze, C. M. j. Souza, D. C. Nepstad, P. Lefebvre, and E. A. Davidson. 2002. Positive feedbacks in the fire dynamic of closed canopy tropical forest. Science **284**:1832.

Cochrane, M. A., and W. F. Laurance. 2002. Fire as a large-scale edge effect in Amzonian forests. Journal of Tropical Ecology **18**:311-325.

Colinvaux, P. A. 1987. Amazon diversity in the light of the paleoecological record. Quaternary Science Reviews **6**:93-114.

Colinvaux, P. A., G. Irion, M. E. Räsänen, M. B. Bush, and J. A. S. Nunes de Mello. 2001. A paradigm to be discarded: geological and paleoecological data falsify the Haffer and Prance refuge hypothesis of Amazonian speciation. Amazoniana **16**:609-646.

Cowling, S. A., R. A. Betts, P. M. Cox, V. J. Ettwein, C. D. Jones, M. A. Maslin, and S. A. Spall. 2004. Contrasting simulated past and future responses of the Amazonian forest to atmospheric change. Philosophical Transactions of the Royal Society of London ser. b **359**:539-547.

Cox, P. M., R. A. Betts, M. Collins, P. P. Harris, C. Huntingford, and C. D. Jones. 2004. Amazonian forest dieback under climate-carbon cycle projections for the 21st century. Theoretical and Applied Climatology **78**:137-156.

Cox, P. M., R. A. Betts, C. D. Jones, S. A. Spall, and I. J. Totterdell. 2000. Acceleration of global warming due to carbon-cycling feedbacks in a coupled climate model. Nature **408**:184-187.

Davis, M. B. 1981. Quaternary history and the stability of forest communities. Pages 132-154 *in* D. C. West, H. H. Shugart, and D. B. Botkin, editors. Forest Succession: Concepts and Application. Springer Verlag, New York.

Denevan, W. M. 1996. A bluff model of riverine settlement in prehistoric Amazonia. Annals of the Association of American Geographers **86**:654-681.

Erickson, C. L. 2006. The domesticated landscapes of the Bolivian Amazon. Pages 235-278 *in* W. Balée and C. L. Erickson, editors. Time and complexity in historical ecology: studies in the neotropical lowlands. Columbia University Press, New York.

Haffer, J. 1969. Speciation in Amazonian forest birds. Science **165**:131-137.

Haffer, J. 1997. Alternative models of vertebrate speciation in Amazonia: an overview. Biodiversity Conservation **6**:451-476.

Hall, J. P., and D. J. Harvey. 2002. The Phylogeography of Amazonia revisited: New evidence from Riodinid butterflies. Evolution **56**:1489–1497.

Hanselman, J. A., W. D. Gosling, G. M. Paduano, and M. B. Bush. 2005. Contrasting pollen histories of MIS 5e and the Holocene from Lake Titicaca (Bolivia/Peru). Journal of Quaternary Science **20**:663-670.

Heckenberger, M. J., J. C. Russell, J. R. Toney, and M. J. Schmidt. 2007. The legacy of cultural landscapes in the Brazilian Amazon: implications for biodiversity. Philosophical Transactions of the Royal Society of London, series B. **362**:197-208.

IPCC, I. P. o. C. C. 2007. Climate Change 2007: Climate change impacts, adaptation and vulnerability. IPCC, Geneva.

Laurance, W. F., M. A. Cochrane, S. Bergen, P. M. Fearnside, P. Delmônica, C. Barber, S. D'Angelo, and T. Fernandes. 2001. The future of the Brazilian Amazon. Science **291**:438-439.

Lehman, J., D. C. Kern, B. Glaser, and W. I. Woods. 2003. Amazonian Dark Earths: Origin, Properties, Management. Kluwer Academic Publisher, Dordrecht, The Netherlands.

Mann, C. C. 2005. 1491: New revelations of the Americas before Columbus. Knopf, New York.

Mayle, F. E., R. Burbridge, and T. J. Killeen. 2000. Millennial-scale dynamics of southern Amazonian rain forests. Science **290**:2291-2294.

Meggers, B. J. 2003. Revisiting Amazonia circa 1492. Science **301**:2067.

Pennington, R. T., M. Lavin, D. E. Prado, C. A. Pendry, S. K. Pell, and C. A. Butterworth. 2004. Historical climate change and speciation: neotropical seasonally dry forest plants show patterns of both Tertiary and Quaternary diversification. Philosophical Transactions of the Royal Society of London; b **359**:515-538.

Peres, C. A. 1999. Ground fires as agents of mortality in a central Amazonian forest. Journal of Tropical Ecology **15**:535-541.

Pulliam, H. R., and B. J. Danielson. 1991. Sources, Sinks and habitat selection a landscape perspective on population dynamics. American Naturalist **137**: S50-S66.

Quijada-Mascareñas, J. A., J. E. Ferguson, C. E. Pook, M. Da Graça Salomão, R. S. Thorpe, and W. Wüster. 2007. Phylogeographic patterns of trans-Amazonian vicariants and Amazonian biogeography: the Neotropical rattlesnake (*Crotalus durissus* complex) as an example. Journal of Biogeography **34**:1296-1312.

Richards, P. W. 1996. The tropical rain forest. 2nd edition. Cambridge University Press, Cambridge.

Roosevelt, A. C., M. Lima da Costa, C. Lopes Machado, M. Michab, N. Mercier, H. Valladas, J. Feathers, W. Barnett, M. Imazio da Silveira, A. Henderson, J. Sliva, B. Chernoff, D. S. Reese, J. A. Holman, N. Toth, and K. Schick. 1996. Paleoindian cave dwellers in the Amazon: the peopling of the Americas. Science **272**:373 -384.

Wallace, A. R. 1853. Narrative of travels on the Amazon and Rio Negro. Reeve and Co., London.

Weng, C., M. B. Bush, and M. R. Silman. 2004. An analysis of modern pollen rain on an elevational gradient in southern Peru. Journal of Tropical Ecology **20**:113-124.

Capítulo 3
INDIGENOUS PEOPLE AND CONSERVATION IN THE NORTH WEST AMAZON

BY MARTÍN VON HILDEBRAND[5]

A brief look at the indigenous vision of environmental conservation, and the necessary steps for this vision to be maintained and developed in current society.

According to anthropological research it is possible that the indigenous population in the Amazon Basin reached between 7 and 10 million prior to the arrival of the Europeans. For certain, indigenous people have inhabited the Colombian region of the Amazon for the last 10,000 years. During this time they have developed an intimate relationship with the natural surroundings and sophisticated ways of managing their relationship with the forest, guaranteeing the survival and growth of the forest and themselves.

Based on what I have observed over the years, the way in which the Amazon Indians of Colombia relate with their environment can be summarized in a few basic principles:

---

5. Often referred to as "the vanguard for indigenous rights and preservation of the Amazon", combines the experience of over 30 years living and working among indigenous communities of the Colombian Amazon with a strong background in policy-making and advocacy for cultural and ecological diversity, indigenous rights and local governance. Founding Director of Gaia Amazonas, and Coordinator of the COAMA program, Hildebrand has received national and international recognition for his commitment to indigenous autonomy and territorial management within a wider context of Amazon tropical forest conservation.

He has been honored with the Right Livelihood Award (Sweden, 1999), Colombia's National Environment Award (1999), the Order of the Golden Ark (Holland, 2004) and the Colombia's National Award for Ecology (2004).

Nature is a physical and spiritual system, brimming with intelligence or 'thought'. It is a system that seeks to be and grow, and its health depends on all the wellbeing and functioning of all its components. Humans are just one part of this picture. The quantity of energy that feeds the system is limited and flows between the different parts, providing each with just the right quantity. If one of the parts comes to a standstill and starts to accumulate energy, the others are weakened and this causes sickness, not only for the part that ends up accumulating energy and the essence of other beings, but for the system as a whole because it is weakened. The Indians have developed rituals and practices to avoid accumulation and to keep the energy flowing and avoid its accumulation in one area, avoid this accumulation of energy and to keep it flowing, for the wellbeing of the whole system.

For the ethnic groups with whom I have lived in the Colombian Amazon, there are two basic reasons why energy will start to accumulate: the first is through uncontrolled hunting, fishing or other extraction of natural resources from the forest, and the other is simply the ebb and flow of energy during the different seasons of the year.

In the forest there are guardian spirits, responsible for making sure that all the different beings have enough energy to exist. If an animal or a human, for example, is hunting too much, then the guardian of the prey will send a sickness to the hunter so that energy is released and recycled into the system. This sickness is the way in which the animals hunt the humans (it does not refer to contagious diseases that were introduced by colonization).

The other way in which energy is accumulated or released happens naturally throughout the year as wild and cultivated crops mature. At all times of the year one type of fruit will be maturing, for example the pineapple in December, and its energy impregnates the forest. When the season for that particular fruit finishes, the energy must be returned to the guardian of cultivated foods and a cleansing must take place for the following season. If the energy is returned to its guardian without being cleansed, it starts to accumulate, the flow is halted and sickness starts to weaken the natural and social environment.

It is through the rituals that this energy is returned to its respective guardians. These are carried out every 3-4 weeks in the communities, guided by the shaman. Their purpose is to strengthen the relationship with nature, ensuring that the energy keeps flowing and is distributed according to the needs of all the species in the forest. The shaman also puts restrictions on the use and consumption of certain animals and plants during each season, to keep the energy fluid. The shaman has developed a great capacity for observing the natural and social environment, and is specialized in analyzing the spiritual and physical system that is 'nature', based on the teachings of his ancestors. Before concluding any diagnosis, the shaman enters into states of altered consciousness through meditation or using hallucinogenic plants, to enter into contact with other levels of understanding and sensitivity traditionally associated with the spirits. This is how the shaman says that his guidance comes from the spirits. Other members of the community may have some knowledge about these practices, but only the "fully trained" shamans assume this responsibility for managing the natural and social environment.

So, the inter-dependence, the exchange and the reciprocity between plants, animals and humans is vital, and is what maintains the flow of energy. It is maintained through controls on hunting, fishing, gathering of wild fruits, in returning cultivated areas to the forest after three years, in the rituals and healing carried out by the shaman, and in the restrictions placed by the shaman on foods and diet so that energy can be released and recycled into the system. Abuse or ignorance of this relationship causes sickness and dis-ease both in nature and in society. The sickness of one individual is a symptom of wider problems in nature and society, and to cure a person from their sickness it is necessary to find the root causes in their surroundings.

This description of how the Indians relate to their surroundings gives a very different conservation model from the way we manage and natural environment through science and technology. It could be compared with acupuncture. The system, including humans, is holistic and vital energy flows to all areas, so if one area suffers from atrophy this tends to cause degeneration in other areas. There are also natural sacred sites that should never be touched and where the energy is revitalized. These are like nature's 'chacra' points. Through restrictions in how surrounding areas are used, the flow of energy between these sites is maintained.

This vision of nature contrasts with our dominant vision, which is based on protected areas, parks or refuges aimed at preserving biodiversity in situ. Although we have been widening this vision towards a more eco-systemic level, creating corridors, we still tend to ignore the energetic fields of nature and the holistic and spiritual way for all beings to exist together. Despite growing interest in ecosystems theories, such as the Gaia hypothesis, these have not yet permeated the concept of protected areas.

For some decades now we have felt the need to widen our vision and look for new paradigms, especially in the human-nature relationship – who we are and what role we play in the context of nature and the environment. It is important to have the contribution, knowledge and experience of other cultures, which are as old as our own but have evolved with a different way of thinking, unrelated to our science, technology and vision that is based on mathematics.

I believe that the knowledge of other cultures is vital for finding ways of adapting to the climate crisis we have created, not only because of the wisdom they have accumulated over time, but for the innovative potential that they offer. Respect for cultural diversity is as important as respect for biological diversity and nature's different ecosystems.

We know that, for the forests to survive we must protect them and define efficient and effective ways for managing them. For cultural diversity to survive it is not enough just to promote and publish its knowledge; we have to admit that we have been the cause of its destruction, just as we have been destroying nature, and we must recognize people's different ways of managing their lives and knowledge. For the indigenous people of the Amazon, this means recognizing their territory, self-governance, and the strengthening, transmission and development of their own knowledge.

In the Colombian Amazon during the last 30 years there has been progress along this path. It has been an effort by the Indians, the state and civil society.

This region, as in the rest of the Amazon Basin, was devastated by the rubber boom of the late 19th century. Hundreds of thousands of indigenous people died or were forcibly displaced from their ancestral territories as slaves to the rubber trade. Those who did not die through being badly treated usually died from infectious diseases against which they had no immunity or way of curing. Entire ethnic groups disappeared and others were reduced to 10% of their population. This meant a loss in shamans and leaders, men and women, which broke the cultural continuity and the chance of continuing to develop and create new knowledge.

Towards the end of the rubber boom the catholic missionaries arrived. The state, which had no presence in the region, sent them to Christianize and civilize the 'savages'. Initially it was a relief for the indigenous people as the missionaries reduced the mistreatment by the rubber barons and provided access to certain metal tools such as axes, machetes, and fishhooks. But their style of education separated the children from their parents and forbid any indigenous language or culture. It taught them that the traditional ways of life, their knowledge, their spirit guardians and their ancestors were wrong; that the only truth was the church and the way of life of the missionaries, both of which were totally unsuited to the natural environment in which the indigenous people lived. They were forced to live in villages, abandoning their dispersed settlements, which put increasing demand on the carrying capacity of the surrounding environment, exhausting the availability of wild game, fish and cultivated areas. The indigenous people began to depend on commercial foods imported by the missionaries. Gradually they were losing their culture, their identity, their dignity and the capacity to decide their own ways of life. And this, for the colonizers, proved that the indigenous people were ignorant, lacking in culture and incapable of governing themselves.

Meanwhile, the indigenous people of Cauca, in the Andean zone, led by Quintín Lame, among others, were reclaiming the right to their lands since the beginning of the 20th century. In 1957 the ILO Convention 107 was ratified by Colombia, followed by agrarian reform in the 1960s, and finally the indigenous right to land was legally recognized.

It was within this context, at the start of the 1970s, that I had the chance to travel along the Mirití River in the Colombian Amazon with the aim of spending time with the Tanimuka and learning about their worldview. When I arrived, after some months traveling in canoe, I discovered that they were sill working in the rubber fields and that their children remained in the missionary boarding schools during the six years of schooling. This had such a strong impact on me that I decided to accompany them in the search of ways to recover their lives, their dignity, and their territories. I accompanied them until 1978, and during this time gained independence from the rubber barons, recovered their traditional system of dispersed settlements, they even started some community schools and, with the help of the government, studies were carried out into how the collective ownership of their lands could be recognized.

At that time I was working for the Colombian Anthropology Institute, a position that fortunately enabled me to carry out this type of activity. The first steps were not easy. The majority of the

Indians did not understand how they could become owners of the land, given that the land belongs to the animals, plants and spiritual owners. They were also wary of upsetting the missionaries who were their allies for relating to the outside world of the 'white man', even though the children were being made to distance themselves from their culture. The missionaries themselves strongly opposed this whole process because for many years they had wielded authority in these territories, and they were convinced that the only future for the Indians was to integrate them into national society, through Christianity, trade and urbanization. Obviously this context of external values such as 'land ownership' and opposition by the missionaries left the majority of the Indians feeling confused and unsure. At first the process was led by just a handful of Yukuna, Letuama, Tanimuka and Matapí, of the Mirití River.

During the 1980s this same process was extended to other areas and we achieved, with the support of former Presidents Alfonso Lopez and Virgilio Barco, the recognition of indigenous territorial rights to over 20 million hectares in the Colombian Amazon. At the end of this decade the ILO Convention 169 was ratified by Colombia, and at the start of the 1990s the new Constitution was adopted, which included the right of indigenous people to their culture and their territories, as well as to self-governance through a political–administrative figure similar to municipalities, known as Indigenous Territorial Entities (ETIs).

With this significant step forward in the legal recognition of indigenous territorial and other rights, it was time for the Indians to start implementing these rights. This was the rationale for setting up the COAMA (Consolidation of the Amazon Region) program with a few Colombian NGOs and funding from the European Union. The objective was for the Indians to recover full responsibility for managing their territories and the social capacity to decide on their own development paths. The process started in the *malocas*, or community houses, as the *malocas* are the figurative centre of the world where all decisions are made and provide a model of the cosmos from where everything relating to the natural and social environment is managed. The *malocas* have always been the centre of shamanistic power, the space where the relationship of exchange with nature and the spirits, is defined and made active through rituals. After a collective diagnosis, we sat in each of the *malocas* in the region to think about the problems being faced by the Indians due to their relationship with the world of the 'white man', and accompanied them in finding their own solutions. Over the next five years more than 100 community projects emerged, in intercultural education, health, territorial ordering, productive projects and linguistic strengthening. In developing these projects we played the role of animators, careful never to bring answers and simply helping the communities find their own solutions based on their ancestral knowledge and their experience with western society. They defined their own agenda and activities, and when this implied our financial or other support we insisted that they were clear on why they could not do it without our support. It was not an easy process as they were already accustomed to paternalism. The missionaries encouraged them to ask us for money on the argument that these project funds from international cooperation should be channeled direct to the local people. The building of confidence and trust meant long stays in the field, often taking our families. And in many of the communities, every time we were away the distrust began to grow, and those who opposed the process would say that our support was really to promote international interests over the forest or to extract traditional knowledge for commercial purposes.

During the second half of the 1990s the communities began to work together to build regional programs based on community projects. This led to the setting-up of Associations of Traditional Indigenous Authorities (AATIs – *Asociaciones de Autoridades Tradicionales Indígenas*), which are indigenous governance structures recognized by Law as public entities of special character, able to sign administrative agreements with other state entities. At this stage the Indians were mainly interested in intercultural education for the community schools. The missionaries, who still controlled education in the region, saw the interest from the Indian communities to handle their own education and decided to carry out a consultation on the type of education they wanted and to keep control from the boarding schools, making the community schools into subsidiary schools. Throughout the consultation process, which lasted several months, the communities highlighted the importance of indigenous culture and also the profile of the persons who could train the Indians as teachers; and when the consultation process was finished, the only persons who fitted the necessary profile were COAMA field officers. This was how we came to set up a training course for Indian teachers, in coordination with the indigenous authorities, the missionaries and the Minister for Education. During the three-year course the Indians were trained as bilingual and intercultural teachers, developing teaching methods and pedagogical content based on the culture of each ethnic group. The course required 4 months training and 6 months teaching practice in the community schools each year. Initially the students expected to learn only about the western world and felt that it was useless to talk to them about their own culture and the forest, as they already knew this. However, when they were asked to talk about the meaning of different rituals in their communities, or to name the many types of fish that are native to the rivers, they began realizing that although they spoke their language they had lost the actual knowledge about their world. It took time for them to realize that in order to approach the non-indigenous world and to be writing in Spanish, it was better to first understand their own world and write in their own language.

One of the clearest examples is in linguistics. The Indian teachers believed that Spanish language was superior because of its grammar and written form, but on seeing that every language has its own grammar and can develop its own written form, they started to place more value on their own languages. This did not stop them being faced with problems, however, when they returned to their communities. Parents who had attended the missionary schools rejected the very idea of indigenous knowledge forming a central part of the community school programs, as they felt that this knowledge is learned in the *maloca* and everyday life, and that school is for learning about western knowledge. It took many workshops to overcome these perceptions, and even today it remains an obstacle in some places.

In general, however, in the community schools they start from the premise that the children have some traditional knowledge and they choose the theme they want to study. For example, they may decide to study fish and between themselves they count all the different types of fish they know, they make drawings and they start to write names and phrases. The role of the teacher is to guide and encourage. The children then decide whom to talk with in the community to gain more knowledge, and they listen to the grandparents, the mothers, the uncles, the brothers, and they hear the myths of origin and learn about the behavior of the different fish, how to catch them, any restrictions on when they can be eaten, and ways of preparing them. Often this is information that some already know, but it is an effective way for the school to integrate with the community, and the information that gathered and discussed in the classroom. The children are then likely to want to catch fish and they learn how to make traditional traps; this also requires them to measure and count the poles, make additions and sequences, and mathematics is gradually introduced. Once the fish are caught, they are measured, weighed, classified, and the stomach contents are looked at so as to link them with different ecosystems. Finally, they are eaten in the school canteen. This exercise is repeated throughout the year, at different seasons, providing a more complete picture of the behavior of fish.

In Colombia, the Ministry of Education has officially recognized this type of education, known as study projects. It enables indigenous students to develop their own traditional knowledge while introducing reading, writing, mathematics, research methods, and linking the community with the school in such a way that the teacher is not the only person responsible for their education. To a certain extent the school becomes a research centre.

With regards to the management of territory and relations with the natural world, the young people start to study under the guidance of the shamans about the occupation and use of their territories. They start to observe and study the myths and the rituals, the areas where they live, and reproduction of plants and animals, the seasonal changes, sacred areas, the restrictions at different times of year, the healing when there is a misuse of the natural environment, the meaning of the rituals, and the general relationship between the stars, animals, plants, seasons, territory, rivers, everything. This type of knowledge is usually learned within a process of traditional education. However, given the extent to which this traditional knowledge has been gradually lost and only retained by some of the elders and a handful of younger Indians who have followed in their footsteps, it has been necessary for the shamans to become more flexible about the traditional norms of teaching and agree to transmit their knowledge to the younger generations.

In health, the Indians of the Mirití River have been gathering data every day for 6 years about the health issues that affect them. They describe the origin of each ailment, including which ones can be managed with traditional medicine and which with western medicine. They have coordinated the health care between the communities, which has enabled them to considerably reduce the outbreak of disease or sickness in the region. They are responsible for primary health care, the diagnosis of some health issues using microscopes, and the prevention of illness such as malaria through early fumigation, sanitation and early diagnosis. This process has enabled the indigenous associations to negotiate with public health officials on an equal footing, for programs in the region and to adapt state proposals.

Another theme that the communities tackled was a social and environmental reflection on their relationship with the white world in the past, present and future, to define what type of development they want. Their own development path, which they call a "Life Plan", is a long-term vision and reflects the indigenous vision of humans as part of everything, dependent on the health and welfare of all other beings.

At the start of 2000, the Colombian government officially recognized the community schools' educational programs, and the AATIs requested that they be financed. This was not possible because the contract for the provision of education was already signed with the missionaries. It took a legal demand and two years of meetings for the government to settle and terminate the contract with the church and sign directly with the AATIs. A space was then created for inter-administrative coordination between the indigenous authorities and the departmental authorities, to meet twice yearly to discuss the design, implementation and monitoring of all the programs being carried out within indigenous territories. The process started in the Mirití River with one AATI being involved. There are now 10 AATIs in these negotiations, representing 15 different ethnic groups, 18,000 indigenous people, and more than 8 million hectares of Amazon forest.

At the start, there was considerable distrust in these coordination meetings, especially from the departmental authorities. They believed that the indigenous people were coming to criticize them for not having fulfilled their legal obligations or not being accountable for public expenditure. The Indians, on the other hand, arrived in a disciplined way, putting their proposals for health and education (based on traditional thought but framed within national norms) on the table. Confidence was gained, little by little, and within just a few years the Governor's Office not only signed agreements with the indigenous authorities to decentralize the management of Primary Education and some health responsibilities, but they also witnessed a greater efficiency in education and health programs, a transparency in expenditure, and the reduction in costs by at least half. Governance and unity, based on cultural diversity, is being constructed.

With support from the COAMA program, the exchange of experiences is taking place and this process is being replicated to other indigenous territories in the Colombian Amazon, which covers 24 million hectares, 40 ethnic groups and 80,000 indigenous people. Similar problems are being faced in other areas. Many communities consider that there is no sense in advancing with education in their own language and based on their culture, and the missionaries are afraid of losing electoral and fiscal control. However, lately, there has been progress thanks to the widening debate on global warming and environmental services. The authorities and politicians at the national and regional level see the need to conserve the ecosystems and, what is perhaps a greater incentive for them, the opportunity to gain income for these services. Conservation of these vast areas of Amazon forest is impossible without the full participation of the indigenous people and their knowledge. So, the administrative model of the AATIs, which are the basis for future indigenous territorial entities, is the most viable for constructing the future of the Amazon region based on two comparative advantages: environmental services and cultural diversity.

To achieve political goodwill and create horizontal spaces between government and the indigenous authorities it is necessary to demonstrate the advantages for each side; what is nowadays called a "win-win" situation. In the case of the Colombian Amazon, the indigenous people win dignity, political influence and autonomy; the local government wins governance, image, transparency in the costs of programs and greater efficiency. Central government wins an efficient development of norms and policies, democracy, transparency, efficiency and international recognition.

We all win with the possibility of environmental services, conservation of the tropical rainforest, and cultural diversity.

Recently, the Indians have asked that protected areas be established over their territories to protect the sub-soil, as the figure of collective property or *resguardo* only contemplates the protection of the soil and natural resources. In these cases there has been cooperation between the Ministry for the Environment and the AATIs for conservation that is based on traditional knowledge but sustained by western norms. It is a model that may provide solution for the conservation of tropical rainforest while it continues to be threatened by timber, mining and petroleum exploitation and large-scale biofuel plantations.

Indians of the Colombian Amazon have also celebrated agreements with groups along the Upper Negro River (Brazil) and the State of Amazonas in Venezuela, through the CANOA (cooperation and Alliance in the Northwest Amazon) initiative, to strengthen similar processes for the full development of indigenous rights and conservation of the tropical rainforest.

Recognizing spaces so that the indigenous people can strengthen their traditional knowledge has become a necessity with the impact of global warming. It has been proven that the western worldview is not creating necessary conditions for the planet's survival. We need to search for the solutions together with all cultures.

References

Reichel-Dolmatoff, Gerardo. 1997. Chamanes de la selva pluvial: Ensayos sobre los indios Tukano del Noroeste Amazónico. Londres : Themis Books. 344 p.

Reichel-Dolmatoff, Gerardo. 1997. The forest within: the world-view of the Tukano amazonian Indians. Londres : Themis Books. 344 p.

Rivera, María Victoria (Ed.). 2003. Alternativas productivas en la Amazonia colombiana: Enfoques y procesos desde local. Bogotá : COAMA. 275 p.

Garzón, Omar Alberto (Comp.). 2006. Educación, escuela y territorio: La Fundación Gaia Amazonas y su participación en los procesos de organización escolar en la Amazonia colombiana. Bogotá : Fundación Gaia Amazonas ; COAMA ; Comisión Europea ; The Sigrid Rausing Trust. 343 p.

Fundación Gaia Amazonas. 2005. Pueblos Indígenas del Noroeste Amazónico: realidades y mundos posibles. Seminario Internacional, Bogotá 10 y 11 de junio de 2004. Bogotá : UNDP ; ALDHU ; Comisión Europea ; COAMA. 125 p.

Gomez Vargas, John Harold. 2002. Legislación indígena colombiana. Bogotá : Fundación Gaia Amazonas ; COAMA ; DANIDA. 739 p.

Von Hildebrand, Martín. 2002. Arquitectura indígena y cosmovisión en el Amazonas. En: Revista de Arquitectura y Diseño +Hábitat. Bogotá: pp. 10-19

Tierra Nativa. [2008]. Fundación Gaia Amazonas: A Colombian model for biocultural autonomy. Tierra Nativa; Sacharuna Foundation. 54 p.

Fundacion Gaia Amazonas. Pueblos Indígenas del Amazonas. Gobernabilidad y diversidad cultural. Boletín informativo Mesa Permanente de Coordinación entre las AATI's y la Gobernación del Amazonas. Bogotá: AATI's; Gobernación del Amazonas; Fundación Gaia Amazonas; ASDI; Sigrid Rausing Trust. Publicación anual.

Capítulo 4
Novos marcos regulatórios da mudança climática: Uma estratégia de sustentabilidade para o contexto amazônico?

Gisele Ferreira de Araújo[6]

1. Introdução

A possibilidade de desertificação em extensas áreas da Amazônia é talvez o mais sério impacto das mudanças climáticas no século XXI. É certo que ainda não se esgotou o tema sob o ponto de vista científico e existe uma insegurança acerca dos mecanismos que levarão à desertificação, devendo este tema ser ainda estudado em maior profundidade sob a ótica dos mecanismos climáticos, a vulnerabilidade, a resiliência e a reação dos ecossistemas e das comunidades às mudanças em nível regional e global.

Esse capítulo se propõe a investigar como as estratégias de conservação e o desenvolvimento planejado na Amazônia podem levar a um quadro de mitigação da mudança climática em nível regional e global.

2. A Mudança Climática na Amazônia

A mudança climática na Amazônia é causada tanto pela tendência climática global como pelo desmatamento local.

---

6. Professora visitante da Universidade de Oxford (Reino Unido), da London School of Economics (Reino Unido), da Freie Universität de Berlin (Alemanha) e do Stetson University Program (EUA), Pós-doutora pela Faculdade de Direito da Universidade de Lisboa (Portugal), especialista pelo Human Rights Program da Harvard Law School (EUA), Doutora em Direito pela Universidade de São Paulo. Mestre em Direito pela Universidade de São Paulo.

ESTRATÉGIAS DE SUSTENTABILIDADE NA AMAZÔNIA

Com base em estudos científicos e monitoramento de áreas específicas, os principais fatores globais de mudança são (i) as alterações bruscas de temperatura nas águas dos oceanos Atlântico e Pacífico que influenciam a mudança nos padrões de chuvas regionais; (ii) desequilíbrios atmosféricos que proporcionam uma concentração maior de gases de efeito estufa.

Os fatores de mudança regionais dizem respeito à (i) alteração de ecossistemas naturais de florestas para campos agrícolas e pastagens; (ii) menor absorção de energia solar pelo solo; (iii) diminuição do volume de chuvas o que leva a um aquecimento maior do solo; (iv) diminuição dos níveis de vapores d'água na atmosfera e formação de nuvens.

Os efeitos destes vetores de mudanças são as maiores concentrações de CO_2 na atmosfera do planeta; o aumento das temperaturas na superfície; mudanças no regime de chuvas, correntes de vento e luminosidade influenciadas pelas altas temperaturas das águas dos oceanos, pelas mudanças do regime de evaporação e consequentemente dos níveis de vapor d'água na atmosfera.

A mais provável conseqüência ou efeito das mudanças climáticas na Amazônia é a perspectiva de uma relevante redução no regime de precipitações o que levará muitas regiões à insuficiência de água para sustentar a floresta.

É importante notar que a magnitude dos processos de mudança nos biomas amazônicos demonstram que a floresta não é passiva quanto às pressões da mudança climática, mas assume um papel ativo no intercâmbio entre biosfera e atmosfera e no próprio equilíbrio químico da atmosfera.

É preciso entender em detalhes como a floresta amazônica irá reagir às mudanças em curso sob os aspectos ecofisiológicos (temperatura e água), ecológicos (biomas) e paleoecológicos (vegetação e clima).

A resposta a esta dúvida pode ser visualizada analisando-se a floresta sob condições de aquecimento contínuo, elevação dos níveis de CO2 e freqüência da ocorrência de secas.

Da mesma forma que as elevadas concentrações de CO2 na atmosfera podem levar a um aumento na eficiência de uso das águas pela floresta, isso pode também ser um fator de profundas alterações na estrutura e composição da floresta, pois o aumento do stress provocado pelas altas temperaturas e déficits de água podem levar ao colapso da base estrutural da floresta, atingindo principalmente a vegetação jovem, levando a uma nova configuração de espécies resistentes à seca (vegetação de cerrado) ocasionando danos irreparáveis à composição e aos biomas da floresta.[7]

Outro aspecto a ser tratado mais a frente é a atividade humana que também aumenta o stress da floresta.

Dois episódios de secas recentes na região amazônica chamam a atenção para a gravidade do problema ao mesmo tempo em que trazem a oportunidade aos estudiosos e cientistas avaliarem os impactos da seca na Amazônia a saber o primeiro quadro de seca induzido pelo El Nino em 1997 e 1998 e a seca registrada em 2005.

3. O fator humano como agente indutor de mudança climática no contexto amazônico

Em pleno século XXI, em face da devastação, a ecologia da floresta parece não significar muito. As taxas de devastação estão intimamente ligadas, num primeiro momento, às taxas de ocupação humana das áreas de floresta.

É certo dizer que a taxa de devastação da floresta amazônica se deve a vários fatores quais sejam de ordem econômica, incentivos,

---

7. Leary, A.N. (2001): Climate Change. Impacts, Adaptation and Vulnerability. A Report of Working Group II of the Intergovernmental Panel on Climate Change.

migrações e crescimento populacional, urbanização, agricultura sem planejamento, questões relacionadas ao direito de propriedade e o descumprimento das leis ambientais.

A eficácia dos controles governamentais sobre o desmatamento dependerá da mobilização dos setores da sociedade engajados em ações de responsabilidade sócio-ambiental a pressionar o Estado e proporcionar a criação de fundos ambientais para que modelos de co-governança atuem paralelamente na redução do desmatamento. Os anos de maiores secas levaram ao declínio dos recursos naturais da floresta, ao maior risco de incêndios e à transformação das áreas em pastos e terras degradadas.

Uma questão central é saber se os fatores climáticos e os fatores humanos irão potencializar-se mutuamente, pois uma vez fragmentada a floresta, esta se torna mais vulnerável ao tipo de clima mais seco.

Outro aspecto é que as comunidades locais dependentes da produção agro-florestal serão as mais impactadas pela mudança climática.

As orientações de novas políticas baseadas nas lições de experiências anteriores oferecem possíveis caminhos para a Amazônia no sentido de dar suporte ao sustento das populações amazônicas ao mesmo tempo que conservar o ambiente da floresta. É necessário liderança política de modo a difundir uma cultura de práticas sustentáveis de uso da terra mais desenvolvida entre os posseiros e as comunidades locais (Uhl and Nepstad, 2000).[8]

4. Ações de adaptação à mudança climática na Amazônia

Uma questão a ser investigada seria quais as estratégias de efetiva conservação para a Amazônia no século XXI, tendo em vista que

---

8. Uhl C., Nepstad D. (2000): 'Amazonia at the millennium', Interciencia 25(3), 159-164.

o governo não exerce controle sobre o uso da terra e o Estado não tem a capacidade de prover as necessidades das populações, dos migrantes, dos fazendeiros locais e não tem controle sobre a cadeia de eventos que ao longo do tempo levou à construção desordenada de estradas e acessos em meio à floresta nativa, à expansão desordenada dos madeireiros, especuladores de terras e de grandes corporações. Outro fator incontrolável é a violência e a ineficácia do sistema jurídico que torna o trabalho dos agentes dos órgãos ambientais quase impossível.

Se a tônica nos idos de 1970 e 1980 era a construção de extensas rodovias e a extração de minérios em larga escala, nos anos de 1990 a atitude em relação à região passou a ser o fortalecimento dos grupos da sociedade civil, a elaboração de projetos com modelos mais sustentáveis, a criação de unidades de conservação, a prevenção de queimadas, o incentivo ao uso mais sustentável da terra, iniciativas, porém que sempre encontraram dificuldades em face dos interesses econômicos e políticos.

Diante desses fatos, pode-se afirmar que políticas ambientais relativamente eficazes podem ser implementadas se conjugadas às políticas de incentivos, à participação e ao bom gerenciamento de fundos financeiros, à institucionalização de compromissos de médio e longo-prazo, ao fortalecimento institucional, à capacitação e credibilidade institucional.

Construir estratégias de sustentabilidade para a Amazônia pode significar a conjugação de intensivos estudos científicos, boa comunicação sobre as evidências obtidas acerca da mudança climática combinadas com um plano de ação de médio e longo-prazo. Promover medidas de adaptabilidade aos impactos do clima consistirá, principalmente, em uma mudança na conduta dos indivíduos, das comunidades, das corporações para que esta nova postura se faça de uma forma mais ampla e espontânea, da mesma forma que a capacidade governamental, boas agências de assistência social e assistência de ONGs também levarão a estratégias mais eficientes de adaptação.

É preciso reconhecer que os esforços empreendidos pelas nações para a redução dos gases de efeito estufa por meio da utilização de energias renováveis também geram impactos negativos sobre a vida da floresta, na medida em que a produção de biocombustíveis leva ao aumento da devastação pelo plantio de soja. Mesmo o uso de biocombustíveis originados de celulose, ou mesmo o próprio etanol de cana de açúcar ocasionam uma dinâmica de pressão por terras agricultáveis para produção de alimentos dentro dos limites da floresta. Por fim, cabe dizer que nessa dinâmica há fatores complexos em âmbito científico acoplados a ainda mais complexos fatores sociais e políticos.

A agricultura sempre esteve no centro do conjunto de problemas concernentes à degradação dos ecossistemas e, ao mesmo tempo em que contribui para um cenário de vulnerabilidade, também sofre os efeitos, mas também oferece soluções possíveis. Se por um lado, a agricultura moderna impulsiona os serviços ambientais que tornam possível o mercado, por outro a expansão dos serviços tem sido obtida a um alto custo para outros serviços ambientais como a regulação do clima, os recursos hídricos, a biodiversidade, que são necessários à sustentação da vida humana.

Expandir esses serviços e, ao mesmo tempo, satisfazer com segurança a demanda de uma população crescente é um dos maiores desafios que a agricultura mundial enfrenta no século XXI.

Apesar disso, há um amplo espaço para o tratamento da transição energética e da segurança alimentar sem que haja concorrência entre as questões. Em outros termos, é plenamente possível conciliar a expansão da produção de biocombustíveis com o objetivo da segurança alimentar dependendo somente da forma como vamos operar a transição da era dos combustíveis fósseis para a era da bioenergia.

Vivemos um momento decisivo e nunca antes tivemos tanto capital e tanta tecnologia. Esta é a razão pela qual grandes transições são construídas sobre a emergência atual das sociedades civis com uma terceira força. Nesse cenário, um sistema de povos em gradual mudança de valores e conhecimento ao redor do globo, é instrumento de facilitação de mudanças sociais e tecnológicas para satisfazer metas de desenvolvimento sustentável. A sociedade civil, o setor privado e os governos todos têm igualmente importantes papéis a desempenhar e tomam parte na construção dessas estratégias.

As formas mais promissoras de tornar o desenvolvimento mais sustentável baseiam-se em mudanças que requerem graduais transições sociais e institucionais que vão além da confiança em simples mecanismos de mercado, dependem, primeiramente, da adoção de uma visão integral sobre as questões ambientais. É fundamental que a partir de uma visão conjugada dos aspectos econômicos, sociais e ambientais se estabeleçam políticas para reorganizar a produção agrícola segundo as novas necessidades mundiais.

Além da possibilidade de conciliar a produção agrícola de alimentos com a produção de biocombustíveis através de sistemas integrados de produção de alimentos e energia, segundo um novo padrão de desenvolvimento rural integrado sem a degradação da floresta, temos a real possibilidade de produzir etanol a partir de biomassa. Isso significa dizer que todos os resíduos vegetais poderão ser transformados em energia e que a civilização moderna ou 'biocivilização' será construída dentro de um padrão de total utilização de resíduos, segundo um modelo de integração entre energia e alimento.

5. Os serviços ambientais e a agricultura

Apesar do imenso crescimento econômico mundial, bilhões de pessoas ainda continuam a viver em extrema pobreza e outros milhares sofrem com o que denominamos pobreza crônica enquanto que o meio ambiente continua sendo ameaçado de degradação como nunca antes visto.

ESTRATÉGIAS DE SUSTENTABILIDADE NA AMAZÔNIA

A sustentabilidade ambiental, a redução da pobreza, a segurança alimentar estão na agenda global e refletem as principais preocupações do século XXI.

Os serviços ambientais são verdadeiramente essenciais, não somente para a redução da pobreza, mas principalmente para a sobrevivência humana.

Para efeitos de uma categorização, podemos classificar os serviços ambientais em serviços de provisão, serviços de regulação e serviços culturais.

Os serviços ambientais de provisão consistem nos produtos obtidos a partir dos ecossistemas como alimentos, água, madeira, fibras, bioquímicos e recursos genéticos.

Os serviços de regulação podem ser descritos como aqueles benefícios obtidos pela regulação dos processos ecossistêmicos como, por exemplo, a regulação climática, a regulação de doenças a regulação hídrica, a purificação da água e a polinização.

Os serviços culturais são aqueles benefícios imateriais obtidos dos ecossistemas como o ecoturismo, a herança paisagística, cultural, religiosa, espiritual e educacional.

Da constelação de serviços ambientais os mais relevantes em termos de analise são a mudança climática e mitigação, a melhoria da qualidade dos recursos hídricos e a preservação da biodiversidade.

Ao mesmo tempo a relacão intrínseca entre pobreza, fome e a degradação dos ecossistemas torna-se cada vez mais clara. A maior parte das populações pobres do mundo localiza-se em áreas rurais, muitas delas fazem parte de ambientes marginais e dependem da agricultura para sua sobrevivência.

O desenvolvimento agrícola é crucial para minimizar a pobreza em larga escala. Este desenvolvimento requer, entretando, que a base de recursos naturais, da qual todos nós dependemos para sobreviver, seja preservada e ampliada.

Como já foi mencionado em linhas anteriores, a agricultura está no centro do conjunto de problemas concernentes à degradação dos ecossistemas e, ao mesmo tempo em que contribui para um cenário de vulnerabilidade, também sofre os efeitos, mas também oferece soluções possíveis. Se por um lado, a agricultura moderna impulsiona os serviços ambientais que tornam possível o mercado, por outro a expansão dos serviços tem sido obtida a um alto custo para outros serviços ambientais como a regulação do clima, os recursos hídricos, a biodiversidade que são necessários à sustentação da vida humana.

Expandir esses serviços e, ao mesmo tempo, satisfazer com segurança a demanda de uma população crescente é um dos maiores desafios que a agricultura mundial enfrenta no século XXI.

Quando pensamos em produtores agrícolas, tipicamente pensamos em alimentos, fibras que são produzidos e absorvidos pelos mercados para geração de lucros. Entretanto, o processo produtivo pode também resultar em impactos sobre outros serviços ambientais que não são comercializáveis, ou que não são passíveis de valoração.

Se por um lado, algumas das interações podem ser positivas, porém outras podem implicar a ocorrência de poluição dos recursos hídricos por agrotóxicos, resíduos animais, bem como erosão do solo em razão do inadequado gerenciamento dos cultivos.

Uma questão fundamental seria pensar como os agricultores poderiam ser incentivados a reduzir os efeitos colaterais negativos e ao mesmo tempo atender as elevadas demandas por agroprodutos.

Ao mesmo tempo que mudanças no sistema agrícola podem contribuir para o equacionamento de problemas ambientais ocasionados fora do setor agrícola, outra questão que surge é como os agricultores podem ser influenciados a atitudes de preservação dos recursos naturais, visto que representam um grande grupo de gerenciadores de recursos naturais das nações e do planeta. Estes, ao mesmo tempo que dependem das interações ambientais, também geram uma vasta gama de serviços ambientais. A ação dos agricultores pode ao mesmo tempo desenvolver e degradar os ecossistemas e a compreensão dos vetores que conduzem essas escolhas pode ser crucial no desenho de novas estratégias de sustentabilidade para preservar os ecossistemas. Estes sustentam a vida humana, proporcionam alimentos, água potável, mantém o estoque contínuo de recursos genéticos, preservam e regeneram os solos, fixam nitrogênio e carbono, reciclam nutrientes, controlam enchentes, filtram poluentes, polinizam plantações e apesar da sua importância para o equilíbrio geral dos biomas, muitos dos serviços estão ameaçados em várias regiões do planeta e principalmente no Brasil.

Os ecossistemas agrícolas perfazem os maiores ecossistemas gerenciados do mundo em uma média de 14 bilhões de hectares, onde 6 bilhões são ocupados por plantações e pastos e cerca de 5 bilhões representam a área de florestas. Atualmente os serviços ambientais e os serviços de base agrícola estão sofrendo pressões como nunca antes pelo efeito combinado da expansão das populações, acelerado crescimento econômico e maior integração global. A agricultura está sendo desafiada a prover uma demanda cada vez maior de bens e serviços ambientais. A população mundial tem a perspectiva de um crescimento na escala de 50 % entre 2000 e 2050 com ênfase na população dos países em desenvolvimento. Análises indicam que haverá perspectiva de atender as demandas por alimentos em nível global apesar de haver correntes que apontam que os números não consideram a recente demanda por combustíveis.

É inegável o crescimento de terras agricultáveis devido ao elevado nível tecnológico existente e esse fato pode implicar sérios danos aos ecossistemas terrestres. A expansão agrícola em áreas vulneráveis é altamente danosa ao meio ambiente e esse cenário está presente em nosso país, principalmente no que se refere à floresta amazônica.

Apesar disso, há um amplo espaço para o tratamento da transição energética e da segurança alimentar sem que haja concorrência entre as questões e dano à floresta. Em outros termos, é plenamente possível conciliar a expansão da produção de biocombustíveis com o objetivo da segurança alimentar, dependendo somente da forma como vamos operar a transição da era dos combustíveis fósseis para a era da bioenergia.

Vivemos um momento decisivo e nunca antes tivemos tanto capital e tanta tecnologia. As formas mais promissoras de tornar o desenvolvimento mais sustentável baseiam-se em mudanças que requerem graduais transições sociais e institucionais que vão além da confiança em simples mecanismos de mercado, dependem, primeiramente, da adoção de uma visão integral sobre as questões ambientais. É fundamental que a partir de uma visão conjugada dos aspectos econômicos, sociais e ambientais se estabeleçam políticas para reorganizar a produção agrícola segundo as novas necessidades mundiais.

Além da possibilidade de conciliar a produção agrícola de alimentos com a produção de biocombustíveis através de sistemas integrados de produção de alimentos e energia, segundo um novo padrão de desenvolvimento rural integrado, temos a real possibilidade de produzir etanol a partir de biomassa. Isso significa dizer que todos os resíduos vegetais poderão ser transformados em energia e que a civilização moderna ou 'biocivilização' será construída dentro de um padrão de total utilização de resíduos, segundo um modelo de integração entre energia e alimento.

O papel da agricultura na provisão dos serviços ambientais depende dos incentivos dados aos agricultores e, sabemos que incentivos são determinados por políticas que devem ocupar o foco central de estudo e discussão neste momento de tal forma que novas políticas públicas possam proporcionar a melhor prática de incentivos bem como proporcionar um novo cenário aos serviços ambientais que melhor direcionem as novas necessidades da sociedade.

Políticas sérias se operacionalizam através de instrumentos eficientes de política pública, segundo uma abordagem multidisciplinar, envolvendo ações planejadas a médio e longo prazo, aperfeiçoamento de mecanismos como o zoneamento econômico-ecológico para a organização do território e dos cultivos agrícolas, levando-se em conta a capacidade de suporte ambiental e as potencialidades de cada zona específica. Uma reorganização fundiária acoplada a métodos definidos de certificação ambiental, introduzindo critérios ambientais e sociais em âmbito interno ao país poderá representar uma vantagem comparativa do Brasil em relação a outras nações.

No setor agrícola, se faz necessário um claro comprometimento além do modelo tradicional de suprir o mercado interno e aumentar exportações. É importante associar a estas ações, a criação de empregos, divisas dentro de um contexto de eficiência energética através do incentivo ao produtor por meio de menores custos ao financiamento agrícola, fortalecimento do médio e pequeno agricultor, da agricultura familiar, elevação do nível de estabilidade da renda do agricultor e assegurar instrumentos de política agrícola que proporcionem desenvolvimento agrícola sustentável.

A edição de novos marcos regulatórios como o Decreto n. 4.297/02 que regulamentou o art. 9°. II da Lei n. 6.938/81 e estabeleceu critérios para o Zoneamento Ecológico-Econômico, o Decreto n. 6447/08 que dispõe sobre o Programa de fortalecimento da Agricultura Familiar, e o recentíssimo projeto de lei enviado ao Congresso Nacional para a criação da lei de Política Nacional de Mudança Climática no Brasil demonstram uma postura progressista na direção de definir uma posição mais madura e planejada em relação às questões econômico-sócio-ambientais.

6. Novos marcos regulatórios e o contexto da Amazônia a serviço da mitigação da mudança climática

É inegável que a as áreas de floresta nativa desempenham um papel fundamental na mitigação da mudança climática em nível local e global, por meio dos ciclos de carbono, dos ciclos de água e da química atmosférica.

O maior desafio atualmente é agregar valor financeiro aos serviços da floresta que sejam economicamente competitivos em relação à produção agrícola e à extração de madeira.

Por vários anos tem-se falado sobre as imensas quantidades de carbono lançadas pela derrubada de florestas tropicais, mas milhões de hectares continuam a ser derrubados anualmente, principalmente no Brasil. Há estimativas de que 20% a 30% do total de emissões de gases de efeito estufa devem-se a derrubada da floresta tropical e somando a isso os outros usos conferidos às clareiras do desmatamento na Amazônia esses números cheguem a 50% das emissões globais.

Há propostas consistentes de alteração do Protocolo de Kyoto para que as nações que detêm florestas tropicais sejam compensadas pela preservação das matas nativas como forma de evitar que as emissões ainda sejam superiores aos níveis atualmente registrados.

O Brasil elaborou uma proposta chamada "Reduções Compensadas" segundo a qual as nações reduzem voluntariamente o desmatamento abaixo de um patamar mínimo e seriam recompensadas pelo pagamento de um preço fixo por hectare financiado por um fundo que poderá receber recursos do setor privado, de pessoas físicas, de ONGs nacionais e internacionais. Os recursos que forem destinados ao Fundo pressupõem uma contraprestação de serviços que será fonte de remuneração para o desmatamento zero.

Não se trata, logicamente, de uma dinâmica simples, os aspectos científicos e políticos desse tipo de proposta são muito complexos. Sob o ponto de vista cientifico, não é pacifico metodologicamente a forma de cálculo da quantidade de carbono armazenada nas árvores e solos dos diferentes tipos de florestas tropicais, bem como as quantidades exatas de carbono liberadas com a derrubada. É necessário, ainda, muito mais investigação e cálculos para estabelecer bases mínimas e taxas de redução eficientes para o desmatamento.

Sob a ótica política, as propostas de redução do desmatamento ainda implicarão custos elevados e também resta saber se estes custos serão providos por organizações internacionais ou pela comercialização de certificados de carbono.

O Brasil é o país em que podemos verificar muitas outras iniciativas de projetos relacionados ao Mecanismo de Desenvolvimento Limpo tais como projetos de gás natural, eficiência energética e produção de biocombustíveis. Nosso país ainda se ressente em relação à burocracia que divide opiniões e há aqueles que ganham e outros que perdem influência se as propostas apresentadas pelo Brasil forem adotadas no pós-Kyoto. Apesar disso, é inegável que um compromisso imediato é muito necessário, considerando-se o atual quadro de desmatamento, principalmente em um momento em que a Conferência das partes de Bali não surtiu os efeitos desejados em Novembro de 2007. O potencial de compensação do projeto anti-desmatamento é enorme, mas deveria funcionar segundo o objetivo de criar riqueza para as comunidades locais e distribuir os benefícios localmente e, da mesma forma, reforçar os compromissos nacionais que ainda não estão devidamente definidos quanto a esse tema.

A taxa de devastação da floresta amazônica é resultado de diversos fatores, incluindo-se tendências e incentivos econômicos, migrações e crescimento populacional, escala de urbanização, questões relacionadas ao direito de propriedade e deficiências quanto à efetividade de leis ambientais. Vários desses fatores são, ao mesmo tempo, razões que impulsionam o complexo conjunto de propostas de formação e implementação de políticas públicas tão necessárias para a região.

Apesar de termos consciência da complexidade ecológica e social da região amazônica, bem como da heterogeneidade da Amazônia brasileira, ressaltamos a importância de visualizar e valorar a interação desses fatores sob uma ampla visão, como uma forma de começar a compreender as possibilidades que, conjuntamente, eles oferecem ao avanço de soluções coletivas para a região.

A característica das políticas na região amazônica é oscilante e instável, sendo chave para uma mudança de fundo, a ênfase ao preservacionismo mais que ao desenvolvimento e também uma atuação responsável e efetiva dos agentes que tomam parte do processo.

É importante observar quatro fases na recente história amazônica em que propostas de políticas públicas avançaram e ganharam força dentro de determinados contextos de grupos de coalisão, a saber: a) O período de 1970 e 1980 com a Transamazônica; b) o período do projeto Planofloro no início dos anos de 1980; c) o Projeto avança Brasil no início dos anos 2000 e; d) atualmente a era da compensação por reduções de desmatamento.

Apesar de ser patente a luta entre atores nacionais e locais no que se refere à Amazônia, pode-se dizer que o processo de construção de políticas públicas evoluiu de um estágio de um processo dominado pelas elites tecnocratas para um modelo atual mais participativo e inclusivo.

Se de um lado essa dinâmica agregou mais complexidade ao contexto geral, por outro agregou valor e desencadeou uma interatividade entre as antigas e novas políticas, conduzindo à adoção de um modelo que leva em conta o "triple bottom line" ou seja a coordenação de aspectos econômicos, sociais e ambientais.[9]

Exemplificativamente, podemos citar o caso da Lei estadual de Mudança Climática do estado do Amazonas Lei n. 3135 de 05/06/2007, complementada pelo Decreto estadual n. 26.581 de 25/04/2007, que revolucionou o contexto de marcos regulatórios

---

9. Araujo, G. F. 2007. Strategies for Sustainability. Scientific, Social and Legal Aspects, Global context, Comparative view. São Paulo. Plêiade. 137 pp.

relacionados à mudança climática na Amazônia e inspira a formação de novas políticas voltadas a agregar valor à floresta preservada com um programa de geração de renda e inclusão social.

Segundo o governo do Amazonas "agregar valor econômico à floresta é um fundamento importante, mas dar a esse valor econômico um aspecto social também é essencial".[10]

A lei estadual de Mudança Climática pune crimes ambientais, como o desmatamento não autorizado com multas e obrigação de reposição em dobro do carbono emitido, mas de outro lado motiva a preservação.[11]

Sob o ponto de vista jurídico de responsabilidade sócio-ambiental e governança, a lei estadual cria e estabelece a Política Estadual sobre Mudança Climática, Conservação Ambiental e Desenvolvimento Sustentável pioneira na futura disciplina de uma Política Nacional sobre Mudança Climática e tem por objetivos criar o Fundo de Mudança Climática que reverterá suas aplicações para o desenvolvimento de atividades como monitoramento, fiscalização, realização de inventário, conservação e manejo sustentável, instituição de selos de certificação a entidades públicas que desenvolvam projetos de mudança climática, criação do "Bolsa-Floresta" para os moradores de unidades de conservação do Estado do Amazonas, fomento a implementação de projetos de pesquisas científicas em Unidades de Conservação, o estímulo a regimes de mercado de créditos de carbono, e a promoção de ações para a ampliação da educação ambiental regional.

A nova lei cria os selos "Amigo da Floresta e do Clima" e "Amazonas". Os selos serão outorgados a pessoas físicas, jurídicas e a comunidades tradicionais. Para receber o certificado, elas deverão

---

10. JB Ecológico. Jornal do Brasil, Ano 5, n. 66, julho de 2007, 16 pp.
11. JB Ecológico. Jornal do Brasil, Ano 5, n. 66, julho de 2007, 17 pp.

estar previamente cadastradas e devem exercer atividades produtivas, comerciais, investimento financeiro ou prestação de serviço. Elas devem ainda contribuir com o Fundo Estadual de Mudança Climática, Conservação Ambiental e Desenvolvimento Sustentável. O selo "Amazonas" será destinado a pessoas jurídicas, físicas e comunidades tradicionais de outras regiões de outros Estados, desde que contribuam para o Fundo de Mudança Climática ou realizem projetos de redução de emissões de gases do efeito estufa, no Amazonas.

Essa lei é complementada pelo Decreto n° 26.581 de 25/04/2007, que estabeleceu critérios para a instituição de política estadual voluntária de mudança climática, conservação da floresta e de neutralização das emissões de gases causadores do efeito estufa.

A nova lei cria um verdadeiro marco legal que vai além dos instrumentos tradicionais de educação, pesquisa e incentivos financeiros, reconhecendo e incrementando os projetos estabelecidos pelo Protocolo de Kyoto, para redução e seqüestro de gás carbônico da atmosfera. Propõe ainda a realização de inventários de carbono, da biodiversidade da floresta e dos vários setores da atividade econômica, visando identificar as potencialidades ambientais, sociais e econômicas do estado para receber investimentos que privilegiem matrizes energéticas limpas e favoráveis à estabilização dos gases de efeito estufa na atmosfera.

A nova lei é o marco inicial e a concretização material da necessidade de reconciliação de objetivos econômicos, sociais e ambientais e da importância de políticas efetivas que permitam o acesso aos recursos naturais, ao mercado internacional, à tecnologia e ao conhecimento científico de forma sustentada e inclusiva. Nosso futuro não será de acordo com os atuais padrões.[12]

---

12. Araujo, G. F. 2007. Strategies for Sustainability. Scientific, Social and Legal Aspects, Global context, Comparative view. São Paulo. Plêiade. 137 pp.

Nos países em desenvolvimento, o ingrediente básico é a interação entre corporações, governo e sociedade. A eficácia institucional é hoje o real desafio e acordos voluntários não são mais suficientes. A sociedade necessita de regras, de uma moldura regulatória e efetivos mecanismos de coerção dessas normas, mas também reforma, revisão e criação de novos marcos regulatórios de modo a fortalecer e consolidar a sua base legal. O comércio justo é também um importante aspecto para esse cenário futuro.[13]

A sustentabilidade não consiste somente em adaptar ou mitigar, mas também em alterar o foco do desenvolvimento segundo uma visão integrada. Alterar esse foco dentro de um contexto legal estruturado pode ser uma perspectiva de futuro viável e uma importante estratégia de sustentabilidade para a Amazônia.

7. Referências

Araújo, G. F. 2007. Strategies for Sustainability. Scientific, Social and Legal Aspects, Global context, Comparative view. São Paulo. Plêiade. 137 pp.

IPCC. 1996b. (R.T. Watson, M.C. Zinyowera and R. H. Moss, eds.) *Climate Change 1995*: Impacts, Adaptation, and Mitigation of Climate Change: Scientific-Technical Analyses. Contribution of Working Group II to the Second Assessment Report of the Intergovernmental Panel on Climate Change. Cambridge: Cambridge University Press.

Gash, J.; Nobre, C. A.; Roberts, J. M.; Victoria, R. L. 1996. Amazonian deforestation and climate, 01. ed. New York. John Wiley and Sons, 611 pp.

Leary, A. N. 2001. Climate Change. Impacts, Adaptation and Vulnerability. A Report of Working Group II of the Intergovernmental Panel on Climate Change.

Moran, E. F. 1981. Developing the Amazon. Bloomington. Indiana University Press.

---

13. Araujo, G. F. 2007. Strategies for Sustainability, Scientific, social and legal aspects, Global context, comparative view. São Paulo. Plêiade. 139 pp.

Nepstad, D., Veríssimo, A., Alencar, A., Nobre, C., Lima, E., Lefebvre, P., Schlesinger, P., Potter, C., Moutinho, P., Mendoza, E., Cochrane, M. and Brooks, V. 1999. Large-scale impoverishment of Amazonian forest by logging and fire, *Nature* 398: 505-508.

Ronchail, J. et al. 2002. Interannual rainfall variability in the Amazon basin and sea-surface temperatures in the equatorial Pacific and the tropical Atlantic Oceans, *International Journal of Climatology*. 22: 1663-1686.

Capítulo 5
Protocolo de Quioto: Precisamos de regulamentação nacional?

Melissa Guimarães Castello[14]

1. Introdução

Esse artigo começa a ser escrito logo após a Conferência sobre Mudanças Climáticas da Organização das Nações Unidas, ocorrida em 2007 em Bali, na Indonésia. Antes da Conferência, havia grandes expectativas de que as partes do Protocolo de Quioto chegariam a um acordo, definindo suas obrigações para o período pós-2012.[15] Esse acordo imporia obrigações aos países que não estão no Anexo I da Convenção-Quadro das Nações Unidas Sobre Mudança do Clima (UNFCCC, na sigla em inglês).[16] Não obstante, a Confe-

---

14. Advogada, mestre em direito pela Universidade de Oxford, especialista em direito internacional pela Universidade Federal do Rio Grande do Sul.
15. Atualmente, o Protocolo de Quioto determina que os países arrolados no Anexo I da Convenção-Quadro das Nações Unidas sobre Mudança do Clima devem diminuir suas emissões de gases causadores do efeito estufa em 5% em relação às emissões de 1990, entre 2008 e 2012. Não há obrigações definidas para o período pós-2012.
16. Os países incluídos no Anexo I são: Alemanha, Austrália, Áustria, Bélgica, Bulgária, Canadá, Croácia, República Checa, Dinamarca, Eslováquia, Eslovênia, Estados Unidos da América, Estônia, Espanha, Federação Russa, Finlândia, França, Grécia, Holanda, Hungria, Irlanda, Islândia, Itália, Japão, Letônia, Liechtenstein, Lituânia, Luxemburgo, Mônaco, Nova Zelândia, Noruega, Polônia, Portugal, Reino Unido, Romênia, Suécia, Suíça, Ucrânia e União Européia. A Austrália e os Estados Unidos ainda não ratificaram o Protocolo de Quioto, mas a Austrália manifestou sua intenção de ratificá-lo durante a Conferência de Bali.

rência não progrediu nessa área, e não se chegou a nenhum acordo. Portanto, ao escrever esse artigo, eu presumo que as responsabilidades continuam diferenciadas entre países que estão e que não estão incluídos no Anexo I. Essa presunção é essencial para o argumento desenvolvido no artigo.

Assim que o Protocolo de Quioto foi adotado, em 11 de dezembro de 1997, muito se discutiu sobe a necessidade de leis nacionais para regulamentar seu teor. Aparentemente, os países partes do Protocolo precisariam elaborar legislação detalhada regulando as obrigações impostas por Quioto. Diversos projetos de lei foram propostos em diferentes países, criando novas obrigações e, às vezes, simplesmente repetindo o que já tinha sido estabelecido pelo Protocolo.

Hoje, depois de mais de dez anos de debates, parece evidente que a maioria dessas proposições não era necessária, e isso vale especialmente para as proposições elaboradas por países que não estão incluídos no Anexo I. A regulamentação que precisa ser elaborada por países do Anexo I e por países que não estão no Anexo I é claramente distinta. Como esperado, os países do Anexo I precisam de mais regulamentação. Essa é uma das facetas do princípio de responsabilidades comuns, mas diferenciadas, previsto no artigo 10 do Protocolo de Quioto.

Esse artigo analisa a legislação proposta pelos governos brasileiro e do Reino Unido para regular o Protocolo de Quioto. O Brasil não pertence ao Anexo I, e é um dos países mais ativos na negociação de reduções certificadas de emissões sob o mecanismo de desenvolvimento limpo do artigo 12 do Protocolo de Quioto. O Reino Unido, por outro lado, é um país incluído no Anexo I que conseguiu adaptar sua legislação às obrigações estabelecidas pelo Protocolo de Quioto. Esses países são exemplos interessantes para a análise objeto deste artigo. O artigo estuda quando a legislação proposta pelos dois países era necessária, e quando era supérflua.

O artigo aborda, na seção 2, o Protocolo de Quioto enquanto tratado internacional. Essa seção traz informações básicas sobre a internalização do direito internacional. Na seção 3, os mecanismos estabelecidos pelo Protocolo de Quioto para prevenir a emissão de gases causadores do efeito estufa são estudados. Finalmente, as legislações do Brasil e do Reino Unido são avaliadas, na seção 4, de acordo com as conclusões obtidas nas seções anteriores.

2. O Protocolo de Quioto enquanto Tratado Internacional

O Protocolo de Quioto é um tratado através do qual suas partes reconhecem a necessidade de prevenir a emissão de gases causadores do efeito estufa. Ele foi elaborado pela Conferência das Partes da Convenção-Quadro das Nações Unidas sobre Mudança do Clima (UNFCCC, na sigla em inglês), para dar efetividade à Convenção-Quadro. O artigo 17 da UNFCCC autoriza a Conferência das Partes a elaborar protocolos, mas esses protocolos têm eficácia somente se as partes da Convenção-Quadro os aceitarem. Portanto, para que tenham poder vinculante, os protocolos devem ser assinados e ratificados pelos países.

De acordo com o artigo 25 do Protocolo de Quioto, sua vigência começaria somente depois da ratificação por 55 partes da Convenção-Quadro, representando 55% do total de emissões de gás carbônico. Isso aconteceu em 16 de fevereiro de 2005, quando o Protocolo se tornou vinculante para aqueles que o haviam ratificado. Um acordo internacional vinculante é aquele obrigatório para as partes, e a violação do acordo geralmente autoriza as outras partes a terminar o acordo ou suspender suas obrigações.[17] Apesar disso, os países tendem a buscar uma solução diplomática.[18] O Protocolo de Quioto encontrou um meio-termo entre a suspensão e a solução

---

17. O artigo 60 da Convenção de Viena sobre o Direito dos Tratados (1969) estabelece a terminação ou suspensão.
18. Rezek, J. F. 1998. Direito Internacional Público. 7ª ed. São Paulo. Saraiva. 95 pp.

diplomática: o descumprimento da obrigação de redução de emissões por um dos países relacionados no Anexo I autoriza as outras partes a dar queixa para o Comitê de Conformidade. Se o Comitê encontrar uma inconformidade, poderá impor uma pena para o país que descumpriu as obrigações, aumentando as metas de redução de emissões desse país no segundo período de obrigações.[19]

Assim, o Protocolo de Quioto é um acordo obrigatório para suas partes, que dispõe de um sistema de sanções para os países que violarem o tratado. Conforme o sistema de incorporação do direito internacional adotado por cada parte – monista ou dualista – o Protocolo pode ser obrigatório também para a população do país. De fato, se um país utiliza a perspectiva monista, e considera que não há diferenças entre direito internacional e direito nacional, o Protocolo passa a ser obrigatório para a população tão-logo tenha sido ratificado pelo país. Por outro lado, se a perspectiva dualista é adotada, o país considera que somente as leis nacionais são obrigatórias para os cidadãos. Assim, o país precisa internalizar o tratado internacional, usualmente através de uma lei reproduzindo o conteúdo do Protocolo.[20] Depois da publicação dessa lei, o Protocolo passa a vincular a população.

Independentemente da utilização da perspectiva monista ou da dualista, o Protocolo afeta a população do país, tanto diretamente, quanto de forma indireta. A população é indiretamente afetada pela obrigação de redução de emissões. De fato, um país só pode diminuir suas emissões de gases causadores do efeito estufa se suas indústrias

---

19. O artigo 18 do Protocolo de Quioto autoriza a Conferência das Partes a aprovar "procedimentos e mecanismos adequados e eficazes para determinar e tratar de casos de não-cumprimento das disposições deste Protocolo". Esses procedimentos são definidos na decisão 24/CP.7, da Sétima Sessão da Conferência das Partes. Considerando que ainda não há obrigações para o período pós-2012, os procedimentos para evitar o descumprimento não são efetivos.

20. Ver: Araújo, Nádia. 2003. A Internalização dos Tratados Internacionais no Direito Brasileiro e o Caso TRIPS, *Revista da Associação Brasileira de Propriedade Intelectual*. 62: 6-8.

utilizarem técnicas de produção mais limpa. Assim, para alcançar sua meta de redução de emissões, o país deve estimular suas indústrias a poluir menos, usualmente através de legislação nacional impondo quotas de emissões. Dessa forma, o Protocolo atinge indiretamente a população do país, na medida em que a população tem quotas de emissões para permitir que o país alcance suas obrigações estabelecidas pelo Protocolo.

A obrigação de redução de emissões, contudo, é dirigida ao país, e não à sua população. De fato, o Protocolo não impõe nenhuma sanção para os cidadãos que violarem a obrigação de reduzir emissões. Assim, ele seria ineficiente se seu objetivo fosse obrigar a população a reduzir emissões. Por outro lado, há sanções para os países que violam a obrigação de reduzir emissões, impelindo esses países a diminuir suas emissões. O país mantém sua autonomia para definir a regulamentação nacional que determina como a população deve reduzir as emissões, o que se dá normalmente através de sanções, que devem persuadir os cidadãos a diminuir as emissões. O Protocolo somente determina que o país deve agir, mas não define como ele deve agir. Essa é uma técnica de direito internacional para proteger a soberania dos países.[21]

A população é diretamente afetada pelo Protocolo, por outro lado, quando Quioto cria diversos mecanismos de mercado que autorizam a população a negociar direitos de emissões. Esses mecanismos de mercado, estudados detalhadamente na seção 3, são um exemplo de regulação inserida em um tratado internacional, mas aplicadas diretamente pela população. Levando em conta a minúcia das regras do Protocolo sobre os mecanismos de mercado, e a quantidade de decisões da Conferência das Partes que detalham essas regras, a necessidade de legislação nacional para regular esses mecanismos é limitada. Independentemente da adoção da perspectiva monista ou da dualista, depois que o Protocolo for ratificado

---

21. Sobre soberania, ver: Rezek. J. F. 1998. Direito Internacional Público. 7ª ed. São Paulo. Saraiva. 226 pp.

e internalizado, a população do país pode usar os mecanismos de mercado. Conseqüentemente, a população se beneficia dos "mecanismos de flexibilização" do Protocolo de Quioto.[22]

Dessa forma, há algumas regras do Protocolo que podem ser usadas diretamente pela população, sem a necessidade de repeti-las na legislação nacional. As regras de aplicação indireta, por outro lado, devem ser regulamentadas pela legislação nacional. A próxima seção analisa as duas espécies de regras.

3. As Principais Regras de Quioto

Quais dentre as regras do Protocolo podem ser utilizadas diretamente pela população, e quais são regras indiretas? Para os propósitos desse artigo, o Protocolo de Quioto tem cinco artigos principais:

- artigo 2º, que sugere políticas para que as partes incluídas no Anexo I atinjam suas obrigações de redução de emissões;
- artigo 3º, que estabelece que as partes incluídas no Anexo I não podem exceder seus limites de emissões de gases causadores do efeito estufa, indicando os critérios para avaliar os níveis de emissões;
- artigo 6º, que cria o mecanismo de implementação conjunta;
- artigo 12, que estabelece o mecanismo de desenvolvimento limpo; e
- artigo 17, que permite o comércio de emissões entre países incluídos no Anexo I.

Esses cinco artigos prevêem as regras que devem ser seguidas pelas partes do Protocolo de Quioto, e, conseqüentemente, por sua população. Todos os outros artigos são acessórios a esses cinco, de-

---

22. Sobre mecanismos de flexibilização, ver: Organização das Nações Unidas. *The Mechanisms under the Kyoto Protocol: The Clean Development Mechanism, Joint Implementation and Emissions Trading*. Disponível em <http://unfccc.int/kyoto_protocol/mechanisms/items/1673.php>, acessado em 07 fev 2008.

talhando seus conteúdos e estabelecendo regras de processo. Assim, quando um país elabora a regulamentação nacional, ele deve seguir as regras dos cinco artigos. Como demonstrado na subseção 3.2, os artigos 6º, 12 e 17 criam mecanismos de mercado, que podem ser diretamente utilizados pela população. Os artigos 2º e 3º, por outro lado, têm regras indiretas, e prevêem uma regra de comando-e-controle, como indica a subseção 3.1.

3.1 A Regra de Comando-e-Controle do Protocolo de Quioto

O artigo 2º sugere às partes incluídas no Anexo I políticas para reduzir as emissões de gases causadores do efeito estufa. Os países têm a discricionariedade para seguir essas sugestões ou não, desde que atinjam as metas de redução de emissões. Assim, o artigo 2º pode ser considerado uma regra voluntária, pois ele não é obrigatório para os países. Além disso, ele é uma regra indireta. Suas instruções são dirigidas para os países arrolados no Anexo I, e somente afetarão a população desses países se os países optarem por pôr em prática as políticas propostas.

O artigo 3º, por outro lado, é obrigatório para os países, pois ordena a redução de gases causadores do efeito estufa. Para satisfazer essa ordem, um país do Anexo I deve elaborar leis para persuadir a população a modificar seu comportamento. O país mantém seu poder soberano para definir qual é a melhor política para atingir a meta de redução. Ele pode seguir as sugestões do artigo 2º ou não; ele pode utilizar exclusivamente ferramentas de comando-e-controle, ou privilegiar os mecanismos de mercado. Desde que o país atinja a meta de redução da regra indireta do artigo 3º, ele pode legislar como bem entender. Como demonstrado pela experiência do Reino Unido, apresentada na subseção 4.2, os países tendem a utilizar tanto ferramentas de comando-e-controle, quanto mecanismos de mercado.

A regra do artigo 3º pode ser considerada uma regra de comando-e-controle, em que os regulados são os países arrolados no Anexo I. Comando-e-controle é a regulação que enfatiza o legalismo, condenando meios e fins ilegais, e processando aqueles que não obedecem aos standards estabelecidos.[23] A ferramenta de comando-e-controle é muito criticada porque ela estabelece o procedimento que deve ser utilizado pelo regulado para atingir os standards, não permitindo que o regulado escolha o melhor procedimento.[24] Conseqüentemente, o comando-e-controle não estimula a inovação, pois o regulado deve seguir o procedimento estabelecido na regulação, independentemente da existência de um outro procedimento, mais novo e mais moderno. Considerando que o desenvolvimento sustentável deve fomentar os desenvolvimentos ambiental, social e econômico em conjunto,[25] é possível dizer que o comando-e-controle não fomenta o desenvolvimento sustentável, pois essa ferramenta não assegura a utilização da técnica mais eficiente para reduzir emissões.

A regra do artigo 3º do Protocolo de Quioto é uma regra de comando-e-controle, pois ela estabelece uma meta de redução de emissões, e condena aqueles países que não obedecem à meta. Não obstante, ela não tem as desvantagens das ferramentas clássicas de comando-e-controle, pois ela não impõe um procedimento ao regulado. Muito pelo contrário, os procedimentos – as políticas do artigo 2º – são meras sugestões, e os países têm a autonomia para definir os procedimentos mais adequados para as suas realidades.

---

23. Braithwaite, John. 1984. The Limits of Economism in Controlling Harmful Corporate Conduct, in Ogus, Veljanovski. Readings in the Economics of Law and Regulation. Oxford. Clarendon. 258-9 pp.
24. Richardson, B., Chanwai, K. 2003. The UK's Climate Change Levy: Is It Working? *Journal of Environmental Law*. 15: 43.
25. Steele, J., Jewell, T. 1998. Law in environmental decision-making, in Jewell & Steele, Law in environmental decision-making: national, European, and international perspectives. Oxford. Clarendon. 9 pp; Department for the Environment, Transport, and the Regions. 1999. A Better Quality of Life: A Strategy for Sustainable Development for the UK (Command Paper 4345). London. The Stationery Office. § 3.27.

Em decorrência dessa autonomia, os países têm um estímulo para desenvolver procedimentos mais novos e eficientes, diminuindo os custos de implementação, desde que atinjam suas metas. Conseqüentemente, a regulação do artigo 3º é um exemplo de uma "nova" política reguladora, que almeja melhorar os standards ambientais através de estímulos econômicos.[26]

A utilização dessa nova regra de comando-e-controle é adequada. Por um lado, ela tem a flexibilidade para permitir que países com diferentes realidades encontrem a melhor forma de reduzir suas emissões. Por outro lado, ela é uma ferramenta previsível, pois é sabido que um país que violar as ordens do artigo 3º será sancionado. De fato, a maior vantagem do comando-e-controle, quando comparado com os mecanismos de mercado, é sua previsibilidade. Como as sanções por descumprimento são geralmente elevadas, o regulado tende a obedecer à regulação.

Mas a sanção imposta aos países que violam suas obrigações de redução de emissões não é elevada. A sanção – estabelecida na seção XV, parágrafo 2º, da decisão 24/CP.7, da Sétima Sessão da Conferencia das Partes – aumenta a meta de redução de emissões no segundo período de obrigações em 1.3 vezes a quantidade de emissões em excesso no período atual. Como não há meta de redução definida para o período pós-2012, os países que não alcançarem suas metas no período atual de obrigações não precisam temer as sanções. De fato, se os países encontrarem dificuldades para atingir suas metas atuais até o momento em que forem negociadas as metas para o período pós-2012, eles certamente negociarão metas menos rígidas. Logo, as metas para o segundo período de obrigações não serão mais elevadas, e aumentá-las em 1.3 não representará uma sanção significativa. Assim, mesmo que haja uma sanção para o des-

---

26. Braithwaite, J. 1984. The Limits of Economism in Controlling Harmful Corporate Conduct, in Ogus, Veljanovski. Readings in the Economics of Law and Regulation. Oxford. Clarendon. 259 pp.

cumprimento da regra de comando-e-controle do artigo 3º, essa sanção não é suficientemente elevada, pois ela pode ser diluída nas negociações do segundo período de obrigações.

3.2 Os Mecanismos de Mercado do Protocolo

Ao contrário dos artigos 2º e 3º, os artigos 6º, 12 e 17 estabelecem regras diretas. De fato, as populações dos países podem aplicar diretamente as regras desses artigos, e a necessidade de intervenção por parte dos países é pequena, uma vez que se trata de mecanismos de mercado. Mecanismos de mercado são regulações que almejam influenciar o mercado, estimulando uma determinada atividade. Eles pressupõem que o regulado optará pela atividade que for mais econômica. Logo, os mecanismos de mercado subsidiam a atividade que eles devem estimular, ou tributam a atividade que deve ser evitada.[27]

Os mecanismos de mercado presumem que os regulados têm decisões racionais e vão optar pela atividade mais barata. Mas isso nem sempre acontece, pois os empresários não são necessariamente racionais. Às vezes, por ignorância ou inércia administrativa para calcular a opção mais barata, os regulados não respondem a um estímulo econômico.[28] Pesquisas demonstram que esse problema é mais grave entre as micro e pequenas empresas.[29]

Dessa forma, os mecanismos de mercado não são a melhor alternativa se o regulador pretende assegurar a ocorrência do resultado, pois

---

27. Uma boa definição de mecanismos de mercado é dada por Alexandre Kiss e Dinah Shelton. 1997. Manual of European Environmental Law, 2nd edn, Cambridge. Cambridge University Press. 127-128 pp.
28. Jacobs, Michael. 1991. The green economy: environment, sustainable development, and the politics of the future. London. Pluto Press. 155-6 pp.; Braithwaite, John. 1984. The Limits of Economism in Controlling Harmful Corporate Conduct, in Ogus, Veljanovski. Readings in the Economics of Law and Regulation. Oxford. Clarendon. 262 pp.
29. Gunningham, Neil & Kagan, Robert. 2005. Regulation and business behavior. *Law and Policy*. 27: 216.

os mecanismos de mercado não asseguram esse resultado. Por outro lado, se o propósito do regulador é promover uma mudança gradual de comportamento, sem intensa intervenção estatal, os mecanismos de mercado são úteis.[30] Na redução dos gases causadores do efeito estufa, o propósito do regulador é assegurar que os países arrolados no Anexo I alcancem suas metas. Portanto, o Protocolo criou uma ferramenta de comando-e-controle para assegurar esse resultado.

Os mecanismos de mercado dos artigos 6º, 12 e 17 são complementares à ferramenta de comando-e-controle que impõe a obrigação de reduzir emissões. A criação dessa regulamentação complementar é adequada, pois ela permite aos países e às populações encontrar formas alternativas para alcançar as metas de redução.

No mundo todo, os mecanismos de mercado são utilizados para prevenir o dano ambiental, por serem mecanismos flexíveis, que permitem aos regulados escolher se querem mudar seus comportamentos ou não. Eles são considerados instrumentos de persuasão, por persuadir a população a proteger o meio ambiente. Esses instrumentos são eficazes somente se os custos de utilização de um mecanismo de mercado forem mais baixos que os custos de obedecer à regulação obrigatória. Por esse motivo, os mecanismos de mercado são considerados uma ferramenta importante na implementação da perspectiva tríplice do desenvolvimento sustentável. De acordo com essa perspectiva, o desenvolvimento sustentável é o desenvolvimento que promove a economia, o meio ambiente e os standards sociais.[31] Como os mecanismos de mercado permitem que a indústria atinja a meta estabelecida na regulação a um preço mais baixo, eles são aptos a implementar o desenvolvimento sustentável.

---

30. Hawkins, Keith. 1984. Environment and Enforcement – Regulation and the Social Definition of Pollution. Oxford. Clarendon. 110 pp; Jacobs, M. 1991. The green economy: environment, sustainable development, and the politics of the future. London. Pluto Press. 154 pp.
31. Araújo, Gisele Ferreira de. 2007. Strategies for Sustainability. São Paulo. Plêiade. 37. 74-76 pp.

Mas os mecanismos de mercado não funcionam sozinhos. Eles são inúteis se não forem garantidos pela regulação obrigatória, pois os regulados dificilmente agem de forma voluntária. De fato, as empresas dos países arrolados no Anexo I não utilizariam os três mecanismos de mercado do Protocolo de Quioto voluntariamente. Elas somente utilizam esses mecanismos porque não são capazes de atingir suas metas de redução de emissões, ou porque reduzir as emissões é mais caro do que utilizar os mecanismos de mercado. Dessa forma, a estratégia de regulação precisa tanto da persuasão dos mecanismos de mercado (para permitir a implementação da perspectiva tríplice do desenvolvimento sustentável), quanto do caráter obrigatório das metas de redução de emissões (para garantir a efetiva redução de emissões).

Uma vez que o Protocolo de Quioto tem tanto os mecanismos de mercado, quanto a regra de comando-e-controle, ele está promovendo o desenvolvimento sustentável de forma adequada. O desenvolvimento sustentável deve não só promover os valores ambientais, econômicos e sociais de forma integrada, mas também deve permitir aos regulados escolher como atender à regulação, pois se presume que o regulado escolherá a forma mais eficiente de alcançar as metas ambientais e sociais. Quando o Protocolo impõe uma obrigação no artigo 3º, e concomitantemente cria formas alternativas de obediência à meta nos artigos 6º, 12 e 17, ele permite que os regulados escolham, promovendo o desenvolvimento sustentável.

Já se mencionou que os artigos 6º, 12 e 17 podem ser utilizados diretamente pela população, pois eles são mecanismos de mercado, que devem ser utilizados pelo mercado. Como o artigo 3º traz uma "nova" regra de comando-e-controle, que permite aos países escolher como eles vão atingir as metas de redução, pode-se questionar se o Protocolo realmente precisava de mecanismos de mercado. Não seria mais fácil se os países criassem os mecanismos de mercado nas suas legislações nacionais? Certamente seria mais fácil, pois a criação de direito internacional nunca é fácil. Contudo, os mecanismos de mercado do Protocolo envolvem transações internacionais. Como demonstrado nos próximos parágrafos, para utilizar esses instrumentos o comprador e o vendedor de certificados de emissões não podem estar no mesmo país. Portanto, houve a necessidade de criar esses mecanismos de mercado em uma norma de direito internacional.

Os três mecanismos de mercado do Protocolo de Quioto são o mecanismo de implementação conjunta, criado pelo artigo 6º; o comércio de emissões, no artigo 17; e o mecanismo de desenvolvimento limpo do artigo 12.

3.2.1 Mecanismo de Implementação Conjunta

Resumidamente, o mecanismo de implementação conjunta, criado pelo artigo 6º do Protocolo de Quioto, permite que dois ou mais países do Anexo I implementem de forma conjunta as suas metas de redução de emissões. Os países podem autorizar outras entidades legais, inclusive empresas, a usar esse mecanismo. Para tanto, as entidades legais devem ter a autorização dos dois países envolvidos na implementação conjunta.[32]

Através do mecanismo de implementação conjunta, uma empresa "A", estabelecida em um país, pode ajudar uma empresa "B", estabelecida em outro país, a implementar seus projetos de redução de emissões. Depois disso, a empresa "B" pode transferir suas unidades de redução de emissões para a empresa "A", contribuindo para que o país "A" atinja suas metas de redução de emissões.[33]

3.2.2 Comércio de emissões

Aproveitando o exemplo apresentado acima, se as empresas "A" e "B" tivessem optado por utilizar o comércio de emissões do artigo

---

32. United Nations. *Joint Implementation (JI)*. Disponível em <http://unfccc.int/kyoto_protocol/mechanisms/joint_implementation/items/1674.php>, acessado em 07 fev 2008.
33. Gazoni, Ana Carolina. O Protocolo de Kyoto e o Estabelecimento de Metas de Redução de GG, in Souza, Rafael Pereira de (coord.). 2007. Aquecimento Global e Créditos de Carbono. São Paulo. Quartier Latin. 59 pp.

17, a empresa "B" desenvolveria seu projeto de redução de emissões sozinha. Ela informaria à autoridade nacional designada as reduções obtidas. Se a autoridade nacional designada calculasse que houve mais reduções do que as necessárias para atingir a meta do país, ela poderia vender o excesso de reduções para outro país. A autoridade nacional designada também poderia autorizar suas empresas a vender esse excesso diretamente para empresas em outros países. Nesse caso, a empresa "B" poderia vender o excesso de direitos de emissões para a empresa "A".[34] As diretrizes para esse comércio foram estabelecidas na Decisão 11/CMP.1, da Conferência das Partes.

Ao contrário do mecanismo de implementação conjunta, o comércio de emissões é um mecanismo de mercado primariamente enfocado nos países, uma vez que seu principal objetivo é permitir que as partes do Protocolo negociem direitos de emissões. Um país pode transferir o direito de se beneficiar deste comércio de emissões à sua população, se assim entender adequado. Ambos os mecanismos têm em comum o fato de serem exclusivos para países do Anexo I, e isso lhes diferencia do mecanismo estudado a seguir, o mecanismo de desenvolvimento limpo.

3.2.3 Mecanismo de Desenvolvimento Limpo

O mecanismo de desenvolvimento limpo (MDL) do artigo 12 permite que países não incluídos no Anexo I negociem direitos de emissões. De acordo com o artigo 12, a empresa "A", estabelecida em um país arrolado no Anexo I, pode auxiliar uma empresa "C", de um país que não está no Anexo I, a desenvolver um projeto de redução de emissões. Depois da aprovação do projeto, a empresa "C" obtém reduções certificadas de emissões, que podem ser usadas pela indústria "A" para atingir suas metas de reduções.

---

34. United Nations. *Emission Trading*. Disponível em <http://unfccc.int/kyoto_protocol/mechanisms/emissions_trading/items/2731.php>, acessado em 15 jan 2008.

Na prática, empresas de países que não estão incluídos no Anexo I investem diretamente em projetos de MDL. Depois de obterem reduções certificadas de emissões, elas as vendem para empresas incluídas no Anexo I. Portanto, as reduções certificadas de emissões são um novo bem no mercado. Como demonstra a subseção 4.1, os países que não estão no Anexo I precisam definir a natureza jurídica desse bem, pois essa definição traz diversas implicações legais.

Por fim, é válido mencionar que a existência de mecanismos de mercado no Protocolo de Quioto não impede que os países criem seus próprios mecanismos de mercado, quando elaboram suas legislações nacionais. Como demonstra a subseção 4.2, o Reino Unido participa de um esquema de comercio de emissões conceitualmente semelhante aos mecanismos de mercado do Protocolo.

4. A Regulação Nacional

Esta seção analisa a regulação nacional criada para implementar as obrigações estabelecidas pelo Protocolo de Quioto. Há uma clara distinção entre as obrigações dos países arrolados no Anexo I e as obrigações dos países que não estão arrolados. Dentre as cinco principais regras de Quioto identificadas na seção 3, apenas uma impõe uma obrigação – a obrigação de reduzir as emissões –, e essa obrigação é dirigida aos países do Anexo I. Conseqüentemente, apenas países do Anexo I precisam legislar para estimular suas populações a reduzir as emissões. Países que não estão incluídos no Anexo I precisam tão-somente fornecer a estrutura necessária para que suas populações possam se beneficiar do mecanismo de desenvolvimento limpo.

É evidente que a necessidade de legislação para regulamentar o Protocolo de Quioto é muito maior nos países do Anexo I. Como mencionado na Introdução, isso é um reflexo do princípio das responsabilidades comuns, mas diferenciadas, previsto no artigo 10 do Protocolo de Quioto. Esse princípio de direito internacional ambiental reconhece que a responsabilidade pelas atuais condições ambientais é diferenciada entre os países desenvolvidos e os países em desenvolvimento. Os países desenvolvidos contribuíram mais para os níveis atuais de poluição, e, especialmente, para a emissão de gases causadores do efeito estufa. Conseqüentemente, eles devem ter uma parcela maior de responsabilidade na reparação dos danos.[35] Por esse motivo, somente os países desenvolvidos – aqueles incluídos no Anexo I – têm obrigações de reduzir as emissões no primeiro período de obrigações. Dessa forma, eles precisam de mais leis para regulamentar o Protocolo.

Essa seção escolheu dois países, o Brasil e o Reino Unido, como paradigmas da idéia de que os países incluídos no Anexo I precisam de maior regulamentação. O Brasil é um exemplo de país não incluído no Anexo I que tem sucedido em se beneficiar do mecanismo de desenvolvimento limpo, mesmo com sua regulamentação deficiente, como demonstra a subseção 4.1. O Reino Unido, por outro lado, é um país com extensa regulamentação nacional sobre redução de gases causadores do efeito estufa, conforme explanado na subseção 4.2.

4.1 O caso brasileiro

O Brasil não está incluído na lista do Anexo I da UNFCCC. Logo, a obrigação de reduzir as emissões, estabelecida no artigo 3º, não se aplica ao Brasil. Dentre os três mecanismos de mercado estudados na subseção 3.2, o único que pode ser usado pela população brasileira é o mecanismo de desenvolvimento limpo do artigo 12. Dessa forma, era de se esperar que o Brasil não tivesse extensa legislação nacional regulando o Protocolo de Quioto. Surpreendentemente, não é o que ocorre.

---

35. Sobre responsabilidades comuns, mas diferenciadas, ver: Birnie, Patricia & Boyle, Alan. 2002. International Law & the Environment. 2nd edn. Oxford. Oxford University Press, 100-104 pp.

Muitos projetos de lei foram propostos, regulando em detalhes diversas regras do Protocolo de Quioto. O governo brasileiro até propôs, no projeto de lei 354/2007, uma Política Nacional de Mudanças Climáticas, estabelecendo mecanismos de mercado, como benefícios fiscais, para persuadir a população a diminuir as emissões de gases causadores do efeito estufa. Esses mecanismos de mercado representam um incentivo duplo para o investimento em projetos de mecanismo de desenvolvimento limpo, pois os investidores recebem benefícios fiscais e também podem obter créditos de carbono pelos projetos. Os mecanismos de mercado não são essenciais para que a população se beneficie do MDL, uma vez que o MDL deve, por si só, representar uma vantagem econômica. Ainda assim, eles podem ser úteis.

O Brasil assinou o Protocolo de Quioto em 29 de abril de 1998. Como o Brasil adota a perspectiva dualista sobre internalização do direito internacional, não foi nessa data que o Protocolo passou a ser obrigatório da mesma forma que uma lei nacional o é. Para tornar-se obrigatório, o Protocolo teve que ser aprovado por um Decreto Legislativo e internalizado por um Decreto. O Decreto Legislativo 144/2002, publicado em 20 de junho de 2002, aprovou e ratificou o Protocolo de Quioto; e o Decreto 5.445, publicado em 12 de maio de 2005, internalizou suas regras como lei nacional. Assim, ainda que a vigência do Protocolo tenha iniciado em 16 de fevereiro de 2005 (quando o Protocolo passou a viger para todas as partes que lhe ratificaram), ele somente tornou-se obrigatório para a população brasileira em 12 de maio de 2005. Na prática, isso significa que o Brasil já tinha obrigações perante as outras partes do Protocolo desde fevereiro de 2005, mas somente pôde utilizá-lo para obrigar a população brasileira em maio de 2005.

Essa dissociação entre as datas não é grave, pois a única das principais regras de Quioto aplicável ao Brasil é a do mecanismo de desenvolvimento limpo, que é um mecanismo de mercado voluntário, e não obrigatório para a população brasileira. Como não há obrigações por parte da população, depois da publicação do Decreto Presidencial 5.445/2005, que dotou o Protocolo da mesma força de uma lei federal, nenhuma outra lei seria necessária. De fato, o Protocolo de Quioto e as decisões da Conferência das Partes já estabelecem quase toda a regulação necessária para dar efetividade ao mecanismo de desenvolvimento limpo. Há apenas duas exceções, em que a legislação nacional se faz necessária: a definição da natureza jurídica das reduções certificadas de emissões (RCE) e a definição da entidade brasileira designada para avaliar se um projeto de MDL pode ser enviado ao Conselho Executivo de MDL. Essas duas exceções são apresentadas nas subseções 4.1.1 e 4.1.2, respectivamente. Na subseção 4.1.3, a legislação supérflua é criticada.

4.1.1 A natureza jurídica das reduções certificadas de emissões

Como visto na subseção 3.2.3, as reduções certificadas de emissões são um novo bem no mercado. Esse bem pode ser classificado de diversas formas, podendo ser considerado uma *commodity* ambiental, um bem sujeito à compra e venda, um valor mobiliário, um derivativo, um intangível, ou até um serviço.[36] Os autores brasileiros não chegaram a um acordo sobre a natureza das RCEs.[37] As empresas que querem investir em projetos de MDL reclamam da incerteza causada pela ausência de regulamentação sobre a natureza jurídica. Isso é efetivamente um problema: no Brasil, dependendo da natureza jurídica das RCEs, as responsabilidades tributárias são

---

36. Gonçalves, Fernando Dantas Casillo. A Natureza Jurídica das RCEs e o seu Regime Jurídico Tributário no Brasil, in Souza, R. P. 2007. Aquecimento Global e Créditos de Carbono. São Paulo. Quartier Latin. 258 pp.
37. Gonçalves (ibid, p. 262) e Lima (LIMA, Lucila Fernandes. *Mercado de Carbono, Regulação Tributária e Práxis Atual*. Disponível em <http://www.meioambientecarbono.adv.br/pdf/mcc_quest_tributarias.pdf>, acessado em 08 fev 2008) as consideram intangíveis, enquanto Conejero acredita que as RCEs são commodities ambientais (CONEJERO, Marco Antônio. "O Crédito de Carbono do Protocolo de Kyoto como *Commoditie* Ambiental", in SOUZA. *Aquecimento Global e Créditos de Carbono*, p. 279-281).

distintas. Da mesma forma, as RCEs podem ser negociadas em mercados diferentes (através de contratos entre comprador e vendedor ou na Bolsa de Mercadorias e Futuros).

Para solucionar essas dificuldades, o projeto de lei 493/2007 classifica as RCEs como valores mobiliários, definindo que elas devem ser negociadas na Bolsa de Mercadorias e Futuros (BM&F), sob a supervisão da Comissão de Valores Mobiliários (CVM). Essa solução é adequada. Conforme indicado por Miller e Souza, as RCEs não se encaixam no conceito de valores mobiliários dado pela lei que atualmente regula esse mercado (lei 6.385/76), mas uma alteração dessa lei permitiria a inclusão das RCEs dentre os valores mobiliários.[38] Assim, deixaria de existir a incerteza acerca da natureza jurídica das RCEs. Logo, o projeto de lei 493/2007 é muito bem-vindo.

Seguindo a definição da natureza jurídica das RCEs, o projeto de lei 354/2007 cria o Mercado Brasileiro de Redução de Emissões (MBRE), autorizando a CVM a regular esse mercado. Para um ordenamento sistêmico, seria melhor criar esse mercado e definir a natureza jurídica das RCEs no mesmo projeto de lei, pois as matérias são relacionadas. Ainda assim, a definição da natureza jurídica das RCEs é válida, e os dois projetos de lei, naquilo em que relacionados às RCEs, devem ser aprovados como lei.

4.1.2 A autoridade brasileira designada para verificar os projetos de MDL

Juntamente com a criação do Mercado Brasileiro de Redução de Emissões, o projeto de lei 354/2007 delineou uma Política Nacional de Mudanças Climáticas. Essa política permite que o governo

---

[38]. Miller, Daniel; Souza, Clóvis. *O Protocolo de Quioto e o Mecanismo de Desenvolvimento Limpo (MDL): as Reduções Certificadas de Emissões (RCEs), sua natureza jurídica e a regulação do mercado de valores mobiliários, no contexto estatal pós-moderno*. Disponível em <http://www.cvm.gov.br/port/Public/publ/CVM-ambiental-Daniel-Clovis.doc>, acessado em 08 fev 2008.

dê diversos incentivos para projetos que reduzam a emissão de gases causadores do efeito estufa, inclusive para projetos de MDL.

O projeto de lei 354/2007 encarrega a Comissão Interministerial de Mudança Global do Clima a avaliar os projetos de MDL. Essa Comissão foi criada pelo Decreto sem número de 07 de julho de 1999. Ainda que não haja ato do Poder Legislativo autorizando a Comissão Interministerial a avaliar os projetos de MDL, esta comissão atualmente analisa se os projetos foram instruídos de forma adequada, podendo ser enviados ao Conselho Executivo de MDL. Assim, o projeto de lei 354/2007 não é essencial, pois já há um Decreto dando autoridade à Comissão Interministerial. Contudo, uma lei daria maior estabilidade à Comissão.

O projeto de lei 354/2007 também aumenta as responsabilidades da Comissão, enumerando outras tarefas, além da avaliação de projetos de MDL. A Comissão Interministerial passa a ser responsável pela análise de políticas governamentais para a redução de emissões de gases causadores do efeito estufa e pela elaboração de estudos que dêem subsídios para as posições defendidas pelo Brasil junto ao Conselho Executivo do MDL, entre outras atribuições.

4.1.3 Quando não se deve legislar

As subseções 4.1.1 e 4.1.2 apresentam dois exemplos de boa atividade legislativa. A única crítica que pode ser feita aos projetos de lei estudados nas subseções anteriores é precisamente que eles são projetos. Levando em conta o atual estado de desenvolvimento do MDL, eles já deveriam ter sido convertidos em lei.

Essa subseção, por outro lado, apresenta uma atividade reguladora do governo brasileiro que foi um verdadeiro desastre, sob a ótica de regulação. Ao regular os incentivos dados ao investimento em fontes de energia alternativa, o governo criou o Programa de Incentivo às Fontes Alternativas de Energia Elétrica (PROINFA). De acordo com o Decreto Presidencial 5.025/2004, o PROINFA é um programa governamental para aumentar a participação de produtores independentes autônomos na produção de energia. Para se beneficiar do PROINFA, o produtor deve investir em fontes alternativas de energia. Se o produtor preencher os requisitos para se beneficiar do PROINFA, o governo assegura que comprará toda a energia produzida, e que distribuirá essa energia na rede brasileira. O PROINFA é um programa valioso para o estímulo de investimentos em fontes de energia alternativa, pois o produtor pode investir nessa produção com um risco baixo, já que a compra da energia pelo governo é assegurada.

Por esse motivo, desde 2004 o Brasil tem investimentos acelerados em fontes de energia alternativa. Algumas das unidades produtoras já estão gerando energia, e algumas já deram início aos projetos de MDL, uma vez que a geração de energia alternativa dá direito à obtenção de RCEs. Ocorre que, em 2006, o governo declarou que as RCEs obtidas pela geração de energia dentro do PROINFA pertencem ao governo, e não aos produtores. O Decreto 5.882/2006 estabeleceu essa modificação de propriedade.

Evidentemente, o Decreto 5.882/2006 causou instabilidade, e alguns dos produtores passaram a ter medo de investir na geração de energia renovável através do PROINFA.[39] Além disso, os produtores que já estão gerando energia dentro do PROINFA não têm nenhum estímulo para elaborar projetos de MDL. De fato, como as RCEs pertencem ao governo, o governo é o único interessado na elaboração desses projetos. Não obstante, o governo não dispõe de equipe técnica qualificada para elaborar todos os projetos de MDL que poderiam ser feitos em decorrência da geração de energia alternativa.

Conforme mencionado na subseção 3.2, a regulação de mecanismos de mercado deve ser mínima, permitindo que o mercado estabeleça as condições para a utilização desses mecanismos. O Decreto

---

39. Matsuura, Lílian. *Dinheiro Verde – Brasil movimenta 20% do mercado de créditos de carbono*. Disponível em <http://conjur.estadao.com.br/static/text/57336,1>, acessado em 08 fev 2008.

5.882/2006 vai de encontro a essa lógica, pois altera unilateralmente a propriedade das RCEs. As partes envolvidas na geração de energia alternativa deveriam ter autoridade para negociar a propriedade das RCEs casuisticamente. De fato, há um sem-número de variáveis que podem alterar a propriedade das RCEs. Se um terceiro decidir desenvolver o projeto de MDL utilizando o potencial para geração de créditos da fonte de energia alternativa, por exemplo, esse terceiro usualmente recebe uma parte das RCEs. Da mesma forma, se o governo desenvolver todos os projetos de MDL para produção de energia dentro do PROINFA, ele teria as RCEs. Contudo, essa propriedade não deve ser estabelecida unilateralmente.

Para remediar a distorção criada pelo Decreto 5.882/2006, o projeto de lei 2027/2007 declara que o produtor é proprietário exclusivo das RCEs obtidas a partir de investimento em fontes de energia alternativa. Esse projeto de lei apresenta o mesmo problema do Decreto 5.882/2006: ele legisla sobre um assunto que deve ser definido pelo mercado. A melhor alternativa seria revogar o Decreto, e esquecer que um dia houve essa mal-afortunada intervenção legislativa.

4.2 A experiência inglesa

O Protocolo de Quioto foi assinado pelo Reino Unido em 29 de abril de 1998, ratificado em 31 de maio de 2002, e passou a viger a partir de 16 de fevereiro de 2005. Uma vez que o Reino Unido adota um sistema de internalização do direito internacional através do qual somente os tratados que criam obrigações diretas para a população têm que ser aprovados pelo Parlamento,[40] e considerando que Quioto não impõe obrigações diretas, o Protocolo tornou-se obrigatório a partir do momento em que foi ratificado. Ainda assim, para impor as metas de redução de emissões para as empresas, que permitirão ao Reino Unido alcançar a sua própria meta de redução, o Reino Unido certamente precisará de um ato parlamentar.

---

40. Rezek. J. F. 1998. Direito Internacional Público. 7ª ed. São Paulo. Saraiva. 62 pp.

Como um país arrolado no Anexo I, o Reino Unido não só tem a obrigação de reduzir as emissões, como também é afetado pelas outras quatro principais regras de Quioto previstas na seção 3. Conseqüentemente, a necessidade de legislação regulamentar é maior no Reino Unido do que no Brasil. O Reino Unido precisa regulamentar os três mecanismos de mercado, e também a obrigação de redução de emissões.

A regulamentação dos três mecanismos de mercado é semelhante à regulamentação necessária no Brasil. Portanto, para regular esses mecanismos o Reino Unido precisa definir a natureza jurídica das reduções certificadas de emissões e a autoridade nacional designada. Ele não precisa de legislação que intervenha nas negociações comerciais. Como a subseção 4.1 discute a legislação necessária para os mecanismos de mercado, isso não é discutido aqui. De fato, essa subseção é limitada à discussão da regulação necessária para atingir a meta de redução de emissões. E essa discussão já é bem longa.

Para alcançar a meta de redução de emissões, o Reino Unido precisa reduzir o nível de emissões. Ele também pode comprar reduções certificadas de emissões de outros países, mas o uso desses mecanismos de mercado deve ser suplementar às políticas nacionais. Conseqüentemente, o Reino Unido tem que reduzir as suas próprias emissões. Para tanto, precisa persuadir a população a poluir menos.

Há dois tipos de regulação que estimulam a população a poluir menos: comando-e-controle e mecanismos de mercado. A seção 3 dá a definição dessas técnicas de regulação, que não são repetidas aqui. O Reino Unido utiliza as duas técnicas, em inúmeras políticas destinadas a reduzir as emissões. Algumas dessas políticas – especificamente as políticas destinadas a reduzir as emissões por parte das empresas – são apresentadas nas subseções 4.2.1 e 4.2.2.[41] A seção 4.2.3 discorre sobre o uso dessas políticas.

---

41. As políticas para controlar as emissões por parte das empresas foram escolhidas para esse estudo de caso porque em 2004 contribuíram com 60,5% do total de

4.2.1 O uso do comando-e-controle

A principal regulação da espécie comando-e-controle para evitar a emissão de gases causadores do efeito estufa por parte das empresas é o Sistema de Licenciamento Integrado para a Prevenção e Controle de Poluição (IPPC, na sigla em inglês). A Diretiva do Conselho da União Européia 96/61/CE criou o IPPC, que foi introduzido no Reino Unido pela Lei de Prevenção e Controle de Poluição de 1999.[42] Logo, o IPPC preexiste ao Protocolo de Quioto. Mas, como o IPPC controla as emissões para o ar, ele tem um papel significativo em reduzir as emissões de gases causadores do efeito estufa.[43]

O IPPC é um sistema de licenciamento, e somente as empresas que produzem com a melhor técnica disponível recebem a licença. Essa melhor técnica é negociada entre o regulador e as empresas caso a caso, adaptando perfeitamente as metas às possibilidades de redução do regulado. Conseqüentemente, não há um limite máximo de emissões estabelecido universalmente na lei do IPPC, acima do qual as empresas não recebem suas licenças. A vantagem de não existir um limite estabelecido em lei é que isso permite ao regulador impor uma meta de redução mais rígida assim que uma nova técnica de produção, menos poluente, é desenvolvida. Desde que o Protocolo de Quioto entrou em vigor, os reguladores se vêem

---

emissões de gás carbônico por usuários finais no Reino Unido (Secretary of State for Environment, Food and Rural Affairs, *Climate Change: the UK Programme 2006* (Command Paper 6764) London: The Stationery Office, 2006, p. 28).

42. A lei é conhecida no Reino Unido como *Pollution Prevention and Control Act 1999*. Um sistema de licenciamento semelhante ao IPPC está em vigor no Reino Unido desde 1863, quando o Corpo de Inspetores Álcali controlava a poluição do ar (Royal Commission on Environmental Pollution, *Fifth Report – Air Pollution Control: an Integrated Approach*, 1976). O IPPC se inspirou na experiência britânica.

43. O IPPC também regula as emissões para a água e o solo, sendo uma ferramenta de regulação abrangente.

obrigados a estabelecer metas mais rígidas, para assegurar a redução da emissão de gases causadores do efeito estufa.

O aspecto negativo de uma meta negociada, por outro lado, consiste na imprevisibilidade da quantidade de emissões reduzidas, uma vez que as metas são constantemente modificadas. Considerando que o Reino Unido tem que atingir metas de redução de emissões previamente estabelecidas, essa imprevisibilidade cria dificuldades para alcançar a meta.

Logo, o IPPC é uma ferramenta essencial para a redução de gases causadores do efeito estufa. Como ele não foi criado depois de Quioto, o Protocolo não representou, nesse particular, um novo ônus de regulação. O Reino Unido simplesmente utilizou uma regulação preexistente para alcançar a meta de Quioto. O Reino Unido somente alcançará a meta, contudo, se o regulador do IPPC, para conceder as licenças, impuser metas mais restritivas para a emissão de gases causadores do efeito estufa.

4.2.2 Os mecanismos de mercado

Juntamente com o IPPC, o Reino Unido utiliza inúmeros mecanismos de mercado para atingir a meta de Quioto. Esses mecanismos de mercado foram em sua maioria criados junto com o "imposto de mudanças climáticas" (CCL, na sigla em inglês), introduzido pela Parte 6 da Lei de Finanças de 2000. O imposto de mudanças climáticas é um tributo ambiental cobrado sobre a energia elétrica fornecida pelas empresas. As fontes de energia renováveis são isentas desse tributo. Conseqüentemente, o CCL deve servir como um estímulo para as empresas comprarem energia de fontes alternativas, diminuindo, dessa forma, a emissão de gases causadores do efeito estufa. O problema do CCL é que a maioria das indústrias que consomem energia em grande quantidade obtém uma dedução do tributo. De fato, desde que elas entrem em "acordos de mudança climática" com o governo, elas precisam pagar somente 20% do tributo. Assim, os maiores poluidores não têm incentivos para reduzir o consumo de energia.

Outro mecanismo de mercado utilizado pelo governo do Reino Unido é um benefício fiscal: o governo concede depreciação acelerada para empresas que invistam em maquinário que tenha eficiência energética. Esse benefício fiscal foi concedido pela Lei de Ganhos de Capital de 2001, e serve de estímulo às empresas para reduzir suas emissões.

Finalmente, o Reino Unido é parte do Comércio Europeu de Licenças de Emissão. Criado pela Diretiva do Conselho da União Européia CE 2003/87/CE, esse comércio é conceitualmente semelhante ao MDL e ao comércio de emissões do Protocolo de Quioto. O Comércio Europeu de Licenças de Emissão dá autorizações de emissão para as empresas que podem participar do programa. Se as emissões excederem às autorizações, as empresas têm que comprar autorizações de emissão de outros participantes. Se as emissões forem menores que as autorizadas, a empresa pode vender o excedente.[44]

4.2.3 A utilização de políticas múltiplas

Conforme indicado nas subseções 4.2.1 e 4.2.2, o Reino Unido utiliza diversas técnicas de regulação para diminuir as emissões de gases causadores do efeito estufa. Não se pode esquecer que as técnicas enumeradas nesse artigo são somente aquelas direcionadas às empresas. Há mais regulação para diminuir as emissões pelas residências, pelo setor de transportes, pelo setor de agricultura, pelos fornecedores de energia e pelos serviços públicos.

Em cada um desses setores o Reino Unido utiliza mais de um mecanismo de mercado, na tentativa de cercar a população, de modo que todos tenham estímulos para poluir menos. Se esses estímulos

---

44. Snape, John; Souza, Jeremy de. 2006. Environmental Taxation Law – Policy, Contexts and Practice. Hants. Ashgate. 25 pp.

não forem suficientes, técnicas de comando-e-controle podem ser utilizadas para impor as reduções de emissões desejadas.

A técnica de regulação do Reino Unido segue as teorias de regulação desenvolvidas por Gunningham e Grabosky, e Ayres e Braithwaite. Esses autores sugerem a utilização de uma combinação de estratégias de regulação para alcançar o resultado almejado.[45] Essa combinação deve incluir tanto mecanismos de mercado, quanto ferramentas de comando-e-controle, bem como ocorre na estratégia inglesa.[46] Não obstante, mais regulação nem sempre é regulação mais inteligente.[47] Se muitas técnicas de regulação forem utilizadas concomitantemente, há grandes chances de que o resultado da estratégia de regulação não seja o desejado.[48]

5. Conclusões

O Protocolo de Quioto é um acordo internacional aplicável a duas categorias de países: os arrolados no Anexo I e aqueles que não estão arrolados. Aqueles arrolados no Anexo I são obrigados a reduzir as emissões de gases causadores do efeito estufa, enquanto os outros não têm nenhuma obrigação dessa espécie. Todos os países podem se beneficiar dos mecanismos de mercado, mas somente aqueles do Anexo I podem se beneficiar dos três mecanismos de mercado. A inexistência da obrigação de reduzir emissões para os países que não

---

45. Gunningham, Neil; Grabosky, Peter. 1998. Smart Regulation – Designing Environmental Policy. Oxford. Clarendon. 30 pp; Ayres, Ian; Braithwaite, John. 1992. Responsive Regulation: Transcending the Deregulation Debate. New York. Oxford University Press. 4 pp.
46. Ayres. Ian; Braithwaite, John 1992. Responsive Regulation: Transcending the Deregulation Debate. New York. Oxford University Press. 19 pp.
47. Gunningham, Neil; Grabosky, Peter. 1998. Smart Regulation – Designing Environmental Policy. Oxford. Clarendon. 390 pp.
48. O propósito desse artigo não é avaliar se a regulação do Reino Unido é adequada ou confusa. Para se aprofundar nesse assunto, ver: Castello, Melissa Guimarães. 2007. Does the climate change package observe the sustainable development principle? Oxford. University of Oxford. *Magister Juris* dissertation.

estão incluídos no Anexo I representa a concretização do princípio das responsabilidades comuns, mas diferenciadas.

O Protocolo tem a particularidade de legislar diretamente para os cidadãos de suas partes. De fato, a população desses países pode usar os três mecanismos de mercado criados por Quioto desde o momento em que o Protocolo foi ratificado e internalizado. Por outro lado, a obrigação dos países arrolados no Anexo I de reduzir as emissões é uma regra indireta, e cria uma obrigação para os países, e não para suas populações.

Conseqüentemente, o ônus legislativo dos países que estão ou não estão no Anexo I é completamente diferente. Os países que não estão no Anexo I precisam elaborar pouca legislação, para estabelecer definições pontuais, tais como a natureza das reduções certificadas de emissões e a autoridade nacional designada para oportunizar a utilização dos mecanismos de mercado. Os países do Anexo I, por outro lado, não precisam estabelecer somente essas definições pontuais, mas também publicar legislação detalhada para persuadir seus cidadãos a poluir menos. Os exemplos dados pelas legislações propostas ou publicadas pelo Brasil e pelo Reino Unido demonstram claramente essa distinção.

6. Referências

Araújo, Gisele Ferreira de. 2007. Strategies for Sustainability. São Paulo: Plêiade.

Araújo, Nádia. 2003. A Internalização dos Tratados Internacionais no Direito Brasileiro e o Caso TRIPS. *Revista da Associação Brasileira de Propriedade Intelectual.* 62: 3-14.

Ayres, Ian; Braithwaite, John. 1992. Responsive Regulation: Transcending the Deregulation Debate. New York. Oxford University Press.

Birnie, Patricia; Boyle, Alan. 2002. International Law & the Environment. 2nd edn. Oxford. Oxford University Press.

Braithwaite, John. 1984. The Limits of Economism in Controlling Harmful Corporate Conduct, in Ogus & Veljanovski. *Readings in the Economics of Law and Regulation.* Oxford. Clarendon.

Castello, Melissa Guimarães. 2007. Does the climate change package observe the sustainable development principle? Oxford. University of Oxford. *Magister Juris* dissertation.

Conejero, Marco Antônio. 2007. O Crédito de Carbono do Protocolo de Kyoto como *Commoditie* Ambiental, in Souza, Rafael Pereira de (coord.). 2007. Aquecimento Global e Créditos de Carbono. São Paulo. Quartier Latin.

Department for the Environment, Transport, and the Regions. 1999. *A Better Quality of Life: A Strategy for Sustainable Development for the UK* (Command Paper 4345). London. The Stationery Office.

Gazoni, Ana Carolina. O Protocolo de Kyoto e o Estabelecimento de Metas de Redução de GG, in Souza, Rafael Pereira de (coord.). 2007. Aquecimento Global e Créditos de Carbono. São Paulo. Quartier Latin.

Gonçalves, Fernando Dantas Casillo. A Natureza Jurídica das RCEs e o seu Regime Jurídico Tributário no Brasil, in Souza, Rafael Pereira de (coord.). 2007. Aquecimento Global e Créditos de Carbono. São Paulo. Quartier Latin.

Gunningham, Neil; Grabosky, Peter. 1998. Smart Regulation – Designing Environmental Policy. Oxford. Clarendon.

Gunningham, Neil & Kagan, Robert. 2005. Regulation and business behavior. *Law and Policy*. 27: 213-218.

Hawkins, Keith. 1984. Environment and Enforcement – Regulation and the Social Definition of Pollution. Oxford. Clarendon.

Jacobs, Michael. 1991. The green economy: environment, sustainable development, and the politics of the future. London. Pluto Press.

Kiss, Alexandre; Shelton, Dinah. 1997. Manual of European Environmental Law, 2nd edn, Cambridge. Cambridge University Press.

Lima, Lucila Fernandes. Mercado de Carbono, Regulação Tributária e Práxis Atual. Disponível em <http://www.meioambientecarbono.adv.br/pdf/mcc_quest_tributarias.pdf>, acessado em 08 fev 2008.

Matsuura, Lílian. *Dinheiro Verde - Brasil movimenta 20% do mercado de créditos de carbono*. Disponível em <http://conjur.estadao.com.br/static/text/57336,1>, acessado em 08 fev 2008.

Miller, Daniel; Souza, Clóvis. O Protocolo de Quioto e o Mecanismo de Desenvolvimento Limpo (MDL): as Reduções Certificadas de Emissões (RCEs), sua natureza jurídica e a regulação do mercado de valores mobiliários, no contexto estatal pós-moderno. Disponível em <http://www.cvm.gov.

br/port/Public/publ/CVM-ambiental-Daniel-Clovis.doc>, acessado em 08 fev 2008.

Organização das Nações Unidas. *Emission Trading*. Disponível em <http://unfccc.int/kyoto_protocol/mechanisms/emissions_trading/items/2731.php>, acessado em 15 jan 2008.

_____. *Joint Implementation (JI)*. Disponível em <http://unfccc.int/kyoto_protocol/mechanisms/joint_implementation/items/1674.php>, acessado em 07 fev 2008.

_____. *The Mechanisms under the Kyoto Protocol:The Clean Development Mechanism, Joint Implementation and Emissions Trading*. Disponível em <http://unfccc.int/kyoto_protocol/mechanisms/items/1673.php., acessado em 07 fev 2008.

Rezek, J. F. 1998. Direito Internacional Público. 7ª ed. São Paulo: Saraiva.

Richardson, Benjamin & Chanwai, Kiri. 2003. The UK's Climate Change Levy: Is It Working?. *Journal of Environmental Law*. 15: 39-58.

Richardson, Benjamin & Wood, Stepan. Environmental law for sustainability, in Richardson, B. 2006. Environmental law for sustainability: a critical reader. Oxford. Hart.

Royal Commission on Environmental Pollution. 1976. Fifth Report – Air Pollution Control: an Integrated Approach.

Secretary of State for Environment, Food and Rural Affairs. 2006. Climate Change: the UK Programme 2006 (Command Paper 6764) London: The Stationery Office.

Snape, John; Souza, Jeremy de. 2006. Environmental Taxation Law – Policy, Contexts and Practice. Hants. Ashgate.

Steele, Jenny & Jewell, Tim. Law in environmental decision-making, in Jewell & Steele. 1998. Law in environmental decision-making: national, European, and international perspectives. Oxford. Clarendon.

Capítulo 6
BENS AMBIENTAIS E SEGURANÇA NACIONAL

PROF.DR.CELSO ANTONIO PACHECO FIORILLO[49]

1. A Política Nacional do Meio Ambiente sob a égide da ditadura militar e o conceito de segurança nacional

Elaborada em plena ditadura militar, a Lei 6938/81 ao estabelecer a política nacional do meio ambiente teve por objetivo a preservação, melhoria e recuperação da qualidade ambiental propícia à vida no sentido de assegurar naquela oportunidade no Brasil, condições ao desenvolvimento sócioeconômico assim como aos interesses da segurança nacional, conceito que verdadeiramente " fundamentava" a interpretação da Constituição em vigor(EC 01/69).

O conceito de segurança nacional em vigor era o da ditadura militar tendo sido formulado pelas Forças Armadas do período[50-51-52],

---

49. Livre Docente em Direito Ambiental, Doutor e Mestre em Direito das Relações Sociais, Professor do Programa de Pós Graduação (Doutorado/Mestrado) da Universidade Metropolitana de Santos (UNIMES) e do Programa de Pós Graduação (Mestrado) do Centro Universitário FIEO (UNIFIEO),Titular da Academia Paulista de Direito-Cadeira 43.
50. Explica José Celso de Mello Filho que o conceito de segurança nacional atuava como " fator restritivo ou limitativo da autonomia política de entidades federadas, das liberdades públicas, das prerrogativas parlamentares e de inúmeros princípios constitucionais".Vide Constituição Federal Anotada, 2ª edição ampliada e atualizada até a EC 27/85,1986,Editora Saraiva.
51. Para uma visão doutrinária bem didática a respeito do tema vale transcrever a "memorável" lição do administrativista Hely Lopes Meirelles citada por José Celso de Mello Filho em sua obra Constituição Federal Anotada (MEIRELLES, Hely Lopes. Poder de polícia e segurança nacional. Revista dos Tribunais, v. 61,

a saber, o conceito enunciado pelo art.2º da Lei federal 6620/78 revogada pela Lei 7710/83 que, conforme apontado por José Celso

> n 445, p. 287 – 298, nov. 1972) que nos informa de que forma alguns juristas conceituavam o tema segurança nacional de acordo com as exigências da ditadura militar:
> Poder de polícia e segurança nacional (★)
> Hely Lopes Meirelles
> Sumário: I – Considerações sobre o Estado e seus poderes. II – Os poderes administrativos. III – O poder de polícia. IV – A segurança nacional. V – Meios de efetivação da segurança. VI – Considerações finais.
> (★) Conferência proferida na Escola Superior de Guerra, em 24 de maio de 1972.
> IV – A Segurança Nacional
> O conceito de segurança nacional é novo e pouco difundido em doutrina, não obstante a Constituição da República e as leis mais recentes a ela referirem com freqüência. Há, assim uma conceituação legal e uma conceituação doutrinária que passaremos analisar.
> **Conceituacão Legal** – A Constituição da República (Emenda Constitucion nº 1, de 1969) alude várias vezes a segurança nacional, mas em nenhum dispositivo nos fornece o seu conceito, contentando-se em declarar que toda pessoa natural ou jurídica, é responsável por ela, nos limites definidos em lei (art. 86) e em esclarecer que Conselho de Segurança Nacional é o órgão incumbido da formulação e execução da política de segurança nacional (art. 87), indicando a composição desse órgão (art. 88) e sua competência (art. 89).
> Somente o Decreto-lei n. 898, de 29.8.1969, que define os crimes contra a segurança nacional e a ordem política e social, assim a conceitua: «Art. 2º A segurança nacional é a garantia da consecução dos objetivos nacionais contra antagonismos, tanto internos como externos. Art. 3º A segurança nacional compreende, essencialmente medidas destinadas à preservação da segurança externa e interna, inclusive a prevenção e repressão da guerra psicológica adversa e da guerra revolucionária ou subversiva».
> Ambos os conceitos não satisfazem. São indicações pragmáticas, mais de objetivos a atingir que de caracterização conceitual da nova instituição. O ar 3º acima transcrito chega a empregar impropriamente o verbo «compreende», quando o correto seria «admite», porque na verdade a segurança nacional não «compreende medidas», mas apenas «admite», «utiliza» ou «adota» medidas de prevenção e repressão às atividades que visa conter ou coibir. O art. 2º, conquanto indique o

conteúdo da segurança nacional é excessivamente vago, e omisso nas suas demais características.

Conceituação Doutrinária – A conceituação doutrinária de segurança nacional vem basicamente de estudos da Escola Superior de Guerra, através de seus dirigentes e do seu Corpo Permanente de Professores. O inegável é que essa doutrina é uma formulação das Forças Armadas, consideradas pela Constituição da República «essenciais à execução da polícia de segurança nacional» e destinadas «à defesa da Pátria e à garantia dos poderes constituídos, da lei e da ordem» (art. 91). Se assim é, devemos ouvir inicialmente os mais categorizados representantes das Forças Armadas que já definiram, conceituaram ou explicaram a segurança nacional.

Iniciemos pela palavra de um ilustrado ex-Comandante da própria Escola Superior de Guerra, o General-de-Exército, Augusto Fragoso, que assim se pronunciou sobre o tema: «Nos estudos doutrinários sedimentou-se bem o entendimento, não mais sujeito a controvérsias, de que segurança e desenvolvimento ou desenvolvimento e segurança são noções fortemente integradas entre si, intimamente entrosadas e interligadas – sobrepostas mesmo em largas porções dos respectivos campos – Integrantes ambas da Política Nacional, que pode ser admitida até também uma e indivisível, tal como admitimos que sejam a Estratégia e o Poder Nacional» («A Escola Superior de Guerra», exposição feita ao empresariado de São Paulo, em dezembro de 1970, publicada in «Problemas Brasileiros», n. 88, pág. 19 e segs.). Outro culto representante das Forças Armadas, o Gen. Golbery do Couto e Silva, afirma que «no amplo quadro da Política Nacional, o Desenvolvimento e a Segurança intimamente se entrosam, reciprocamente se condicionam e acentuadamente se interdependem, chegando mesmo, por vezes, a se confundir numa faixa de recobrimento» (in «Planeja- mento Estratégico»).

Ainda recentemente, o ilustre Gen. Carlos de Meira Mattos, que em sucessivos estudos vem divulgando a doutrina da Revolução de 64, reafirmou a necessidade do desenvolvimento para sustentação do nosso regime e consecução dos objetivos nacionais, nestes termos: «O desenvolvimento pela via democrática é o compromisso mais sério da Revolução no presente estágio de processo revolucionário brasileiro. Implantado o desenvolvimento pela via democrática estaremos consolidando a única democracia autêntica e legítima, porque assentada na prosperidade e no bem-estar da população. Não se conhece no mundo nenhuma verdadeira democracia que coexista com a pobreza, a fome e a ignorância». E rematou com esta oportuna advertência de segurança nacional: Quanto maior a Nação, maiores as aspirações e necessidades, e maior o Poder necessário a conduzi-la» («Revolução Democracia e Poder», in «O Estado de S. Paulo»; de 9.4.1972, pág. 27). Na mesma linha, sustenta o Cel. Antônio Lepiane, em substancioso estudo que: «Ao realizar a Política de Desenvolvimento a Nação necessita, paralelamente, que seja mantido

um grau adequado de garantia para propiciar o bem-estar coletivo. Esse grau adequado de garantia é a segurança nacional» («O que é a Segurança Nacional», São Paulo 1968, pág. 4) e logo adverte que «no campo doutrinário não se afigura fácil definir, com precisão e rigorismo, o que realmente segurança significa, aquilo em que consiste, o que abarca e em que implica» (in ob. e loc. cits.).
Entre os juristas, o tema tem merecido algumas especulações doutrinárias mas sem precisar as características e conteúdo da segurança nacional. O Prof. Caio Tácito, num repasse histórico sobre a segurança nacional nos idos de 1962, demarcou o campo de sua atuação, numa apreciação analítica em que demonstra tratar-se de uma situação de defesa dos interesses nacionais, e nos aponta os seus objetivos nestes termos: «Se a ordem social contemporânea é, por natureza, instável e evolutiva, exige, para o seu desenvolvimento pacífico, um conjunto de fatores permanentes, que representam, a nosso ver os objetivos da segurança nacional a saber: a) defesa da integridade territorial; b) preservação da soberania nacional; c) manutenção da ordem pública; d) estabilidade das instituições políticas; e) equilíbrio econômico; f) equilíbrio social» («A Segurança Nacional no Direito Brasileiro», in RDA 1962, vol. 69/19 e segs.).
O Prof. Manoel de Oliveira Franco Sobrinho, em erudito estudo, informa-nos que: «A razão política da segurança nacional reside na verdade de que os acontecimentos externos influem nas sociedades nacionais e nos indivíduos, tornando precárias certas linhas de defesa que mantêm certas nações soberanas e independentes», passando a justificar a autodefesa dos Estados modernos através das medidas de segurança de seu povo e de suas instituições, mas em nenhum ponto conceitua a segurança nacional, limitando-se a caracterizar a segurança interna, como um dos «direitos do Estado» para a preservação das instituições quando ameaçadas por inimigos internos ou externos («A Segurança Interna nas Cartas Constitucionais do Brasil», in RDP, 1969, vol. 10/25 e segs.).
Em recente monografia, o Prof. Mário Pessoa discorre longamente sobre «o direito da segurança nacional», conceituando-a como «a completa funcionalidade das coisas essenciais que se prendem direta ou indiretamente à Coletividade Humana, por esta preservada através do seu respectivo Estado. Baseia-se na valorização da eficiência. É a conceituação do autor («O Direito da Segurança Nacional», Biblioteca do Exército e Revista dos Tribunais, 1971, pág. 99). Com o devido respeito a esse autor, permitimo-nos discordar do seu conceito porque a segurança nacional não é em si mesma «a completa funcionalidade das coisas essenciais», admitindo-se quando muito, que ela visa a propiciar essa «completa funcionalidade» a que o ilustre professor alude. Não nos parece também que o fundamento da segurança nacional seja a «valorização da eficiência», mas sim o interesse nacional na preservação de pessoas, bens, instituições ou política que o Estado se dispunha a tutelar para atingir os objetivos presentes ou futuros da Nação.

de Mello Filho,[53] explicava o tema como "o estado de garantia proporcionado à Nação, para a consecução dos seus objetivos nacionais, dentro da ordem jurídica vigente". Os "critérios" constitucionais eram informados pelos arts. 86 a 89 da "Carta" de 1969 com competência da União (art. 8°) no que se refere a " planejar e promover" o desenvolvimento de referida segurança nacional. O denominado Conselho de Segurança Nacional, presidido pelo Presidente da República com a participação do Vice Presidente da República assim como de todos os Ministros de Estado era o órgão de mais alto nível na assessoria direta ao Presidente da República.

Mas não só a doutrina tem-se esforçado por definir a segurança nacional, como também a jurisprudência, na esteira desta decisão do STF, que assim a conceituou: «Segurança nacional envolve toda a matéria pertinente à defesa da integridade do território, independência, sobrevivência e paz do País, suas instituições e valores materiais ou morais contra ameaças externas e internas, sejam elas atuais e imediatas, ou ainda em estado potencial próximo ou remoto» (recurso extraordinário n. 62.739, julgado em 23.8.1967, in RDP, vol. 5/223). Conceituação analítica, plenamente satisfatória, quando Indica o campo de incidência da segurança nacional.

Porém, correta e completa conceituação se nos afigura a elaborada pela Escola Superior de Guerra, segundo a qual: Segurança nacional é o grau relativo de garantia que, através de ações políticas, econômicas, psicossociais e militares, o Estado proporciona, em determinada época, à Nação que jurisdiciona, para a consecução ou manutenção dos objetivos nacionais, a despeito dos antagonismos ou pressões existentes ou potenciais.

Realmente, temos para nós que: Segurança nacional é a situação de garantia, individual, social e institucional que o Estado assegura a toda a Nação, para a perene tranqüilidade de seu povo, pleno exercício dos direitos e realização dos objetivos nacionais, dentro da ordem jurídica vigente. É a permanente e total vigilância do Estado sobre o seu território, para garantia de seu povo, de seu regime político e de suas instituições.

52. Atualmente as Forças Armadas (Marinha, Exército e Aeronáutica) estão totalmente adaptadas ao nosso Estado Democrático de Direito sendo instituições nacionais permanentes e regulares sob a autoridade suprema de um Presidente da República eleito pelo povo. Vide arts. 142 e 143 da Constituição Federal de 1988.
53. Constituição Federal Anotada, 2ª edição ampliada e atualizada até a EC 27/85, 1986, Editora Saraiva.

Evidente que a tutela dos bens ambientais assim como a "proteção da dignidade da vida humana" descrita no art. 2º da Lei 6938/81 estava adaptada aos interesses do Conselho de Segurança Nacional estruturado juridicamente pela EC 01/69. Destarte os recursos ambientais(a atmosfera, as águas interiores, superficiais e subterrâneas, os estuários, o mar territorial, o solo, o subsolo, os elementos da biosfera, a fauna e a flora) previstos na Lei 6938/81 (art. 3º, V) observavam natureza jurídica orientada pelo art. 8º, item XVII, alíneas *c, h* e *i*, a saber, natureza jurídica de bens de absoluto uso, gozo e fruição do Estado.

Com o restabelecimento da democracia, os bens ambientais passaram a ser de uso comum do povo[54] apontando natureza jurídica que em momento algum guardam compatibilidade com as vetustas interpretações autoritárias baseadas em superado direito administrativo. A Política Nacional do Meio Ambiente passou por via de conseqüência a ser interpretada em face da existência de um Estado democrático de direito superando a antiga análise doutrinária baseada em " entulho" autoritário.

2. Bens ambientais no Estado democrático de direito[55] e segurança nacional

Com a democracia e o estabelecimento do Estado Democrático de Direito, a Política Nacional do Meio Ambiente passou a ser orientada pelo novo sistema constitucional em vigor: fundamentado pela dignidade da pessoa humana assim como pelos valores sociais do trabalho e da livre iniciativa(ordem jurídica do capitalismo) a Lei 6938/81passou a ter sua interpretação fixada nos arts. 225 e 23,VI e VII da Magna Carta.

---

54. Fiorillo, C. A. P. Fundamentos Constitucinais do Direito Ambiental Brasileiro in Fiorillo. C. A. P. 2005. Direito Ambiental Tributário. São Paulo. Saraiva.
55. Fiorillo, C. A. P. 2008. Curso de Direito Ambiental Brasileiro, 9ª ed., São Paulo. Saraiva.

A ideologia da ditadura, tendo o Estado como o centro de toda e qualquer interpretação, foi substituída pela ideologia de uma democracia que aponta a dignidade da pessoa humana como mais importante vetor interpretativo.

Assim a preservação, melhoria e recuperação da qualidade ambiental passaram a ser objetivos destinados à tutela de uma vida digna da pessoa humana (art. 1º, III da CF) no sentido de assegurar no Brasil condições ao desenvolvimento sustentável observando interesses de uma "Segurança nacional" compatível com nosso Estado Democrático de Direito.

Destarte os recursos ambientais, como bens de uso comum do povo (art. 225 da CF), devem guardar compatibilidade com um novo conceito de segurança nacional fundamental para assegurar na democracia não só os interesses de brasileiros e estrangeiros residentes no País, mas adaptado à defesa dos bens ambientais como assunto diretamente relacionado à nossa soberania nacional (art.1º, IV), independência nacional (art. 4º, I) e evidentemente à defesa do próprio Estado Democrático de Direito (art. 1º, caput).

Daí a Constituição Federal em vigor ter criado o Conselho de Defesa Nacional (art. 91 da CF) órgão de consulta do Presidente da República nos assuntos relacionados com a soberania nacional assim como defesa do Estado democrático com competência delimitada no parágrafo 1º do art.91 o que inclui evidentemente os recursos ambientais.[56]

---

56. O próprio tema SEGURANÇA NACIONAL em harmonia com os bens ambientais está indicado no inciso III do parágrafo 1º do art. 91 da Constituição Federal, a saber:

    Art. 91. O Conselho de Defesa Nacional é órgão de consulta do Presidente da República nos assuntos relacionados com a soberania nacional e a defesa do Estado democrático, e dele participam como membros natos:

    I – o Vice Presidente da República;

    II – o Presidente da Câmara dos Deputados;

    III – o Presidente do Senado Federal;

3. Agressão estrangeira aos bens ambientais e o sistema nacional de mobilização (Lei 11631/2007)

No campo de Defesa Nacional organizou nossa Constituição Federal importante dispositivo destinado a tutelar os recursos naturais em face da agressão estrangeira: compete privativamente ao Presidente da República declarar guerra, no caso de agressão estrangeira, autorizado pelo Congresso Nacional ou referendado por ele, quando ocorrida no intervalo das sessões legislativas, e, nas mesmas condições, decretar total ou parcialmente, a mobilização nacional (art. 84, XIX da CF).

A mobilização nacional se destina à tutelar os bens ambientais em face de eventual agressão estrangeira sendo importante mecanismo de defesa dos bens de uso comum do povo.

Com efeito.

Definida pela Lei 11631/07 como " o conjunto de atividades planejadas, orientadas e empreendidas pelo Estado, complementando a Logística Nacional, destinadas a capacitar o País para realizar ações estratégicas, no campo da Defesa Nacional, diante de agressão estrangeira" (art. 2º, I) terá sua execução decretada por ato do Poder Executivo autorizado pelo Congresso Nacional ou referendado por ele, quando no intervalo das sessões legislativas (art. 4º) devendo especificar o espaço geográfico do território nacional em que será realizada assim como as medidas necessárias à sua execução (parágrafo

---

IV – o Ministro da Justiça;
V – o Ministro de Estado da Defesa;
VI – o Ministro das Relações Exteriores;
VII – o Ministro do Planejamento;
VIII – os Comandantes da Marinha, do Exército e da Aeronáutica.
Parágrafo 1º **Compete ao Conselho de Defesa Nacional**:
III – propor os critérios e condições de utilização de áreas indispensáveis à **segurança** do território **nacional** e **opinar sobre seu efetivo uso**, especialmente na faixa de fronteira e **nas relacionadas com a preservação e a exploração dos recursos naturais de qualquer tipo**(grifos nossos);

único do art. 4º). Cabe salientar que a própria reorientação da produção, da comercialização, da distribuição e do consumo de bens(inclusive os bens ambientais) e da utilização de serviços estão abrangidas pela norma antes referida.

Os bens ambientais passam por via de conseqüência a ter tutela jurídica ampla também no sentido de adequar a Política Nacional do Meio Ambiente ao conceito democrático de segurança nacional adaptado aos fundamentos do Estado Democrático de Direito.[57]

4. Referências

Albamonte, A. 1980. Il diritto ad un ambiente salubre: tecniche di tutela. Giustizia Civile.

Ambrosini, G. 1958. Le formazioni sociali nella Costituzione, in Raccolta di scritti sulla Costituzione. Milano. 2.

Amendola, G. 1980. Aspetti giuridici e legislativi della tutela dell'ambiente, in Nuovi strumenti ed indirizzi di tutela in materia ambientale. Roma. Quaderni Fornez.

Buffoni, S. 1980. Tutela dell'ambiente e attività venatoria, in Interessi diffusi e tutela dell'ambiente. Boccia.

Cicala, Mario. 1976. La tutela dell'ambiente. Torino.

Contenti, A. 1980. Interessi diffusi, in Interessi diffusi e tutela dell'ambiente. Boccia.

Cresti, Marco. 1992. Contributo allo studio della tutela degli interessi diffusi. Milano. Giuffrè.

Dell'Acqua, C. 1979. La tutela degli interessi diffusi. Milano.

Fiorillo, Celso Antonio Pacheco. 2008. Curso de Direito Ambiental Brasileiro. 9ª. ed. São Paulo. Saraiva.

Fiorillo, Celso Antonio Pacheco. 2005. Estatuto da Cidade Comentado Lei 10.257/01. Lei do Meio Ambiente Artificial. 2ª ed. São Paulo. Revista dos Tribunais.

---

57. Fundamentos do Estado Democrático de Direito in Fiorillo, C. A. P. 2008. Princípios do Direito Processual Ambiental, 3ª ed. São Paulo. Saraiva.

Fiorillo, Celso Antonio Pacheco. 2007. Princípios do Direito Processual Ambiental. São Paulo. Saraiva.

Fiorillo, Celso Antonio Pacheco. 2000. O Direito de Antena em face do Direito Ambiental no Brasil. São Paulo. Saraiva.

Fiorillo, Celso Antonio Pacheco. 1995. O Sindicato e a Defesa dos Interesses Difusos no Direito Processual Civil Brasileiro. São Paulo. Revista dos Tribunais.

Fiorillo, C.A.P.; Ferreira, R.M. 2005. Direito Ambiental Tributário. São Paulo. Saraiva.

CTP • Impressão • Acabamento
Com arquivos fornecidos pelo Editor

EDITORA e GRÁFICA
VIDA & CONSCIÊNCIA

R. Agostinho Gomes, 2312 - Ipiranga - SP
Fone/fax: (11) 2061-2739 / 2061-2670
e-mail:grafica@vidaeconsciencia.com.br
site:www.vidaeconsciencia.com.br